智元微库
OPEN MIND

成长也是一种美好

7步打造
个人知识管理闭环

格格 / 著

有效学习

人民邮电出版社
北京

图书在版编目（CIP）数据

有效学习：7步打造个人知识管理闭环 / 格格著
. -- 北京：人民邮电出版社，2023.4
ISBN 978-7-115-60664-8

Ⅰ. ①有… Ⅱ. ①格… Ⅲ. ①学习方法 Ⅳ.
①G791

中国版本图书馆CIP数据核字 (2022) 第232753号

◆ 著　格　格
　责任编辑　刘艳静
　责任印制　周昇亮

◆ 人民邮电出版社出版发行　　北京市丰台区成寿寺路 11 号
邮编 100164　电子邮件 315@ptpress.com.cn
网址 https://www.ptpress.com.cn
北京天宇星印刷厂印刷

◆ 开本：880×1230 1/32
印张：9　　　　　　　　　　　2023 年 4 月第 1 版
字数：250 千字　　　　　　　2025 年 7 月北京第 4 次印刷

定　价：69.80 元

读者服务热线：（010）67630125　印装质量热线：（010）81055316
反盗版热线：（010）81055315

序 言

知识管理，打开人生的另一种可能

数字化环境为普通人打开了一扇全新的人生大门，使我们不再受困于时间、地点。

数字化让各种优质的教育资源唾手可得，学习的关键变成了个人学习能力，更准确地说是有效学习的能力。普通人通过个人努力，便可以通过有效学习、凭借知识的力量改变自己的命运。

初中学历的保安通过业余时间自学，也能成功考上北京大学，从而开启考学深造之路，完成华丽蜕变。

平时性格内向、不善言谈的人，可以通过学习演讲、刻意练习，成为人群中的演讲达人，进而脱颖而出。

公司里少言寡语的程序员，可能是某知名学习社区的创始人，他在通过这一副业带领别人学习的同时，自己也实现了年薪百万的目标。

在家带娃的全职妈妈，利用碎片时间学习育儿知识，不仅能养育好自己的子女，还可能成为育儿赛道的达人，成为孩子的榜样。

平凡而普通的上班族，可以利用业余时间运营社群，转身成为自由职业者并出版图书。

平时穿梭在学校的小学老师，可能成为知名知识分享型博主及知识创业者，利用业余时间创业，将事业做得风生水起。

在见过太多身边的普通人有效学习的成功案例之后，我真切地感受到"知识就是力量"并不是一句鸡汤、一句口号，知识真切地改变了许多人的一生。

但是，人们在享受数字化环境所带来的便利的同时，也面临前所未有的考验。

你曾经以为能待一辈子的公司，也许会突然通知你下岗。你曾经很羡慕的看似光鲜行业的职员，也许正面临大规模的裁员。人们在面对突发变故时，一时间还回不过神来，不知道如何应对才好。当不确定性成为常态时，人们只能通过有效学习，来持续获得知识、提升认知。因此，人们对知识的渴望变得越来越强烈。

但是，知识迭代得太快，不断涌现的新知识让人应接不暇。你在大学学到的知识，如今可能早就过时了。网络上不断涌现新的流行词，比如"内卷""躺平"等，如果不了解一下，你可能无法正常与人沟通。知识付费平台上不断更新的各种课程也提醒着你，每天都有无数的知识等待学习。

与此同时，人们可以用于学习的时间越来越少，忙碌的工作和生活已经让人深感疲惫。但是，不管你有多忙，还是要抽出时间学习、追赶时代的步伐，不然便可能在激烈的竞争中被淘汰出局。更可怕的是，在被淘汰的那一刻，若无知识和专业技术傍身，你或许很难再寻得一份体面且令自己满意的工作。

生活充满不确定性，压力与焦虑无处不在。为了更好地应对未来，很多人顺应着由知识付费兴起的学习浪潮，纵身一跃，一头扎进知识的海洋，他们不停地买课、买书，却在某一刻惊觉，自己早已陷入越努力越迷茫、越努力越纠结的无效学习怪圈。

也许，你买了很多课，课程涉及健身、跑步、写作、画画、理财等各个领域，你囤了这么多课，但能坚持听下来的并不多。更难受的是，你在听了这么多课后，生活可能依然没有太大的变化。

也许，你买了很多书，无论是某位大咖无意间提过的，还是哪个平台五星推荐过的，你都一本不落地买回来。不知不觉间，你囤了不少书，但是你读书的速度永远赶不上买书的速度。更可悲的是，你在读了那么多的书后，依然感到迷茫。

为什么你明明很努力，还是越努力、越迷茫呢？

这一切只是源于你进行的是无效学习。通用电气前董事长兼首席执行官杰克·韦尔奇（Jack Welch）说："一个组织机构获取知识以及将知识快速转化为行动的能力是其最终的竞争优势。"对个人来讲，亦是如此。不要误把信息当知识，也不要误把阅读当思考。很多时候，人们沉迷于输入，喜欢做知识的收藏者和搬运工，却不知道这是一种假性努力。一个人所学到的知识若只是一些孤立的点，那么便是一种对知识的浪费。他并没有进行有效学习，打造属于自己的个人知识管理闭环，也没有让知识发挥应有的功效。

也许，你没有明确的学习目标。你只是为了缓解内心的焦虑而跟风努力，别人学什么知识，你便跟着学什么。人云亦云的同时，你因动力不足而只能维持三分钟热度。面对大量没有学完的课程和没能读完的书，你越发焦虑，不知不觉陷入恶性循环。

也许，你输入知识的方法不对。很多人输入知识的渠道过于单一，一提起学习便只想到读书和听网课。其实，除了这两种为大家所熟悉的方式，你还可以进行联机式学习。线下学习是一种更为有效的学习方式，可以使你感受场域的强大力量。只有多元化地输入知识，你才能更灵活地运用知识。

也许，你忘了挖掘隐性知识。隐性知识听起来有一些神秘，但它不是难以掌握的。隐性知识隐藏于你的工作、生活之中，可谓无处不在，它藏在人们的经验里，等待着有心人挖掘。忽视隐性知识是一种极大的浪费，真正的高手往往善于利用隐性知识。

也许，你没能吸收内化相关知识。在学习的过程中，很多人都在做知识的搬运工，满足于做一些缺乏思考的、单纯照抄式的笔记，并且只是将它们用作发朋友圈、假装自己努力的素材而已。那是一种低效的学习方式，并不能使你真正将知识吸收内化。真正的高手，都在用适合自己的方法做笔记，并坚持在各大平台输出，在思考与正反馈中稳步前行。

也许，你没有持续对外输出。美国著名学习专家埃德加·戴尔（Edgar Dale）于1946年提出"学习金字塔"理论，证实最有效的学习方式便是将知识教授给他人，在这种方式下，知识留存率高达90%。所谓"教授给他人"，是指你在学习知识后，可以通过写作、演讲、录视频、直播等不同方式对外输出，用输出反向推动输入，打造个人影响力。

也许，你没有将知识转化为行动。很多人的学习都是"自嗨①式学习"，满足于在学习时单纯地过一把"脑瘾"，他们的生活没有因学习而发生任何变化。他们缺乏将知识转化为行动的意识，更不用说持续行动了。知识其实是"动词"，你只有将知识融入实

---

① 网络流行语，形容自己一个人也过得很开心。——编者注

践，才能产生改变。

也许，你没有及时复盘迭代。复盘，不仅适用于企业管理领域，也适用于个人成长领域。持续复盘，不仅是很多高手不断进化的武器，也是普通人实现人生跃迁的秘籍。在个人知识管理进程中，复盘能加速知识的迭代，是不可或缺的一环。有了复盘，个人才可能打造知识管理闭环。

很多人缺少知识管理意识。用正确的方法努力，对个人知识进行管理，可以让知识发挥最大的功效，让改变看得见。

多年来，我一直在有效学习的路上摸索前行。我本人从一名普通的上班族，到成为一名自由职业者并出版图书，这些变化都源自我多年以来坚持进行的个人知识管理工作。

之前，我一年到头也读不了几本书。2008 年，我偶然听了俞敏洪老师的一场演讲，深受触动，从那以后，我便下定决心向俞老师学习，多读书、读好书，从此踏上个人读书精进之路。

从 2009 年开始，我每天读书，这些年我的阅读量达到每年100 余本，目前，我已读了 1000 多本书。我不仅喜欢自己读书，还喜欢带着周围的小伙伴一起读书，共同成长。

2015 年，我发起线上公益读书社群，开始通过写书评的形式输出。2016 年，我成为知识付费的第一批用户，听线上课学习已经成为我每天生活的一部分，同时，参加线下付费学习活动也成为我热爱的学习和社交方式。

2018 年，我成为"格格读书会"的创始人，我通过线下活动带着北京的书友们一起读书、成长。在运营"格格读书会"的过程中，一方面我在不断地读书、讲书；另一方面，我有幸找到了自己的人生使命——"用读书为成长赋能"。

2019 年，我成立"格格读书营"，凭借线上付费社群的形式，带领更多人读书、成长；此外，我发起约饭计划，约见"牛人"100 人。2020 年，我开始日更视频号，定期开直播讲书。2021 年，我出版了人生的第一本书——《榨书》。

一路走来，我从很少学习到爱上学习，从运营公益的"格格读书会"到运营付费的"格格读书营"，再到出版了《榨书》，这些都是个人知识管理的有效学习带给我的惊喜，它帮我实现了人生的另一种可能。一路走来，我深深地体验到只有经过有效学习的知识才是力量，只有经过有效学习的知识才能改变命运。

"什么曾经拯救过你，你最好就试着用它来拯救这个世界。"在探索有效学习的过程中，我走过不少的弯路。通过这本书，我将与你分享我在有效学习，即个人知识管理之路上的所思所想、所学所得，希望可以帮助你少走弯路、乘风破浪。

在这本书中，我将为大家提供以下内容。

方法：明确目标—知识输入—知识获取—知识内化—知识输出—知识应用—复盘迭代，讨论如何通过以上 7 步打造个人知识管理闭环是全书的核心内容。本书并没有什么高大上的理论，皆为我在学习与实践中总结的方法。在书的内容方面，我将力求接地气、写干货，让读者可以一看即懂、懂了能用。同时，我于每章的最后附上精心设计的"本章知识盘点"环节，可以帮助读者及时巩固、吸收该章的内容。

工具：在长期的教学实践中，我发现只是为大家提供方法并不够，还需要提供一些工具，才能使大家尽快行动起来。本书中不仅对知识管理工具进行了专项介绍，还提供了一些实用的小工具。

案例：书里列举了一些普通人的真实案例。当一位大咖做出一件厉害的事时，我们都觉得那是再自然不过的事情，因为大咖似乎天赋过人，理应取得不凡的成绩。但是，他们的成绩会让人觉得遥不可及，大部分普通人似乎只能远远敬仰大咖，无法对他们进行模仿及学习。与大咖相比，身边普通人的真人真事似乎更能激励人心，他们曾经有着与你一样的困惑和问题，因此他们的故事更容易引发共鸣。也许，你能在这些普通人的案例中读到自己的影子，从而更有动力做出改变。

力量：很多时候，成年人之所以行动力不足，并不是因为缺乏方法。在互联网时代，方法随处可寻。有时，人们所需要的只是一股推动力。因此，本书借助了一些心理学理论，希望可以为你提供前行的力量，帮你迈出行动的第一步。

行动：书的内容再实用，如果不被落实到行动上，也不会为个人带来任何改变。我希望，这不仅是一本供阅读的书，也是一本激发个人行动力的实践手册。你可以一边阅读本书，一边实践，每读完一节，立刻学以致用。我在书中特意设计了"行动时刻"栏目，督促你自我反思，行动起来。希望这是一本可以为你带来改变和影响的书。如果你因本书而产生了积极的改变，欢迎你在豆瓣、知乎、小红书等平台写出书评或笔记，与更多人分享你的成长故事，激励更多的小伙伴不断进步。

未来路上，我愿和你一起与时俱进，升级认知，通过有效学习迎接时代的挑战。也希望本书知识能助你在前行的路上披荆斩棘，促使你持续学习、思考、实践，不断积累、改变和成长。希望无论世界如何变化，我们都能走在有效学习、精进不息的路上，拥有自信、从容的心态，不急不躁，不惧风雨。

最后，我想借当年柯达破产时德国媒体的一句感叹语收尾：在知识面前，没有人可以高高在上，时代会淘汰一切落伍者。

我并不是专家，只是一位个人知识管理的践行者，虽然本书为我努力地书写、打磨所成，仍难免有不足之处，届时还请各位读者批评指正！

目　录

/　**第七章**　/

知识应用，从"知道"到"做到"　　207

/　**第八章**　/

复盘迭代，在更新中不断进化　　235

第一章

告别无效努力，打造个人知识管理闭环

在学习的路上，很多人缺少个人知识管理意识，沉浸于知识的输入性学习，这是一种无效努力。若想开启有效学习，你需要打造个人知识管理闭环，具体流程为：明确目标—知识输入—知识获取—知识内化—知识输出—知识应用—复盘迭代。

第一节 不做知识的搬运工，用正确的方法努力

在数字化时代，知识已经变成了重要的生产要素，知识所产生的价值已经渗入各个领域，影响着人们的工作和生活。

那么，到底什么是知识呢？现代管理学之父彼德·德鲁克（Peter Drucker）认为，"知识是一种能改变某些人或事物的信息，这既包括了使信息成为行动的基础方式，又包括了通过对信息的运用使某个个体（或机构）有能力进行改变或进行更为有效的行为的方式"。由此可知，知识并不是一个名词，而是一个动词。

在有效学习的过程中，我们要注意区分数据、信息、知识和智慧。

数据：数据是未被加工的数字和事实。数据通常仅代表数据本身，不包含任何潜在的意义。如果个体不对数据进行加工，那么数据对决策的帮助是非常有限的。

信息：当人们通过某种方式组织和处理数据，分析数据间的关系时，数据便有了意义。我们可以理解为，信息是数据的集合体。

知识：知识是信息的集合，是有用、有意义的信息，是由人们通过对信息进行鉴别、判断而产生的，也是人们对信息进行判断和确认的过程。一个人拥有信息，不一定就拥有知识。个体只有对知识做出判断与鉴别，并将信息内化，才能使信息变为个人知识。知识最重要的特点就是个人化，知识是属于个体的。

智慧：可以被简单归纳为做出正确判断和决定的能力，包括

对知识的灵活应用。智慧可以回答"为什么"类的问题。智慧是一个判断是非、对错和好坏的能力，它是人类所特有的。

可见，人们首先需要有数据，数据经过加工成为信息，信息经过鉴别、内化成为知识，人们把知识应用至行动，就产生了智慧。

由此可知，想真正拥有知识并不容易。**如果没有将信息内化，我们便依然只是一个没有内涵的人，更重要的是，我们要把信息转化为知识，在行动中应用知识。因此，我们需要进行个人知识管理。**

个人知识管理是指一个人在目标明确的情况下，通过对知识进行输入、获取、内化、输出、应用、复盘迭代，而实现知识的转化，满足个人知识需求的过程。它可以提升个人的核心竞争力，满足个人在生活与工作中的发展需求。

个人知识管理 5 大好处

经过亲身实践，我认为进行个人知识管理有以下 5 大好处。

1. 提升碎片化学习效果

随着移动互联网的发展，通过移动设备进行碎片化学习成为人们学习的常态。人们利用碎片化时间学习的知识也多为碎片化知识。个人知识管理可以使个人将碎片化知识整合起来，提升学习效果。

2. 培养良好的学习习惯

随着知识输入和获取的不断增多，个人应有意识地打造个人知识体系，告别单一输入式低效学习，将知识真正内化吸收，并通过行动将知识落地，让改变真正发生。良好的个人知识管理习惯将使人终身受益。

3. 满足知识分享的需求

随着互联网的普及和知识付费模式的兴起，越来越多的人愿意在网络上，通过读书笔记、知识卡片、思维导图、写作作品、短视频作品、直播分享等形式分享各类知识。个人提高知识管理水平，有助于提升知识分享和学习的效果，打造个人影响力。

4. 提升工作和生活的效率

建立个人知识体系可以使个人有针对性地获取、积累知识，高效地检索、提取知识，减少时间和精力的消耗。个人若将知识应用于工作和生活，能极大地提升工作效率，使生活变得更加美好。

5. 提升个人认知和核心竞争力

这是一个知识经济的时代，拥有知识优势的人就拥有认知优势。通过建立个人知识体系，人们可以在学习的过程中不断获取、应用知识，持续更新专业知识素材，并进一步更新及完善这一体系，从而提升个人的职场核心竞争力，实现人生的跃迁。有效学习能帮助人们发展爱好、培养技能、开拓副业、突破圈层，突破信息茧房的束缚，实现更多可能。

我本人就是个人知识管理的受益者。曾经，我也是一个缺乏目标、只知埋头读书的普通上班族。我为了挣钱谋生做着一份并不喜欢的工作，内心迷茫又无助，只能一个人孤单地沉迷于单一的输入式学习即读书。那时，我自认为正畅游于知识的海洋之中，却总是看不到未来的希望，不知自己何时才能成功上岸、找不到生活的出口和破局的方向。

偶然间，我踏上了知识输出之路，我一方面用输出倒逼输入，促进知识的内化吸收；另一方面，我在通过写作、演讲、录视频、直播等形式输出的过程中，影响了其他人，使周围人也产生了积极的变化，在对外输出的同时，我还将学到的知识付诸行动，改变在不知不觉间发生。此外，我已坚持复盘数年，我在每次的复盘中总结经验、反思不足，不断地迭代自己的知识体系。

如今，数年过去，我已成为很多人羡慕的自由职业者和图书作者，也成为读书赋能先行者。

个人知识管理闭环打造过程

个人知识管理闭环打造过程如图 1-1 所示。

图 1-1　个人知识管理闭环打造过程

1. 明确目标，从此学习不再焦虑

当一个人不被获取知识的焦虑所裹胁，在明确目标的情况下学习时，他的学习动力才会更持久。同时，我们应注意以平和的

心态应对学习平台期，尽量摆脱手机的干扰，保持高效学习。

2. 知识输入，多元获取显性知识

多读好书、多听好课、参加线下学习、善用网络资源，告别采用单一方式进行知识输入的局限性，多管齐下，多元获取显性知识，才是输入知识的正确方式。

3. 知识获取，充分挖掘隐性知识

生活中不仅有显性知识，还有隐性知识。无论是和他人交流还是自己反思，你都可以挖掘到隐性知识，它们是一笔宝贵的财富。

4. 知识内化，让知识长进脑子里

不动笔墨不读书，通过采用多种方式记笔记，你可以让知识真正内化于心，长进脑子里。

5. 知识输出，在分享中精进自己

用利他之心进行知识输出，收获的将不只是变现。不管是写作、演讲，还是拍短视频、做直播，你总可以找到一个适合自己的方式。你可以持续输出，打造个人影响力，也可以通过输出变现，改写自己的人生。

6. 知识应用，从"知道"到"做到"

世界上最遥远的距离，也许就是从"知道"到"做到"。知识是个动词，我们只有把知识变为行动，知识才能真正发挥作用。

7. 复盘迭代，在更新中不断进化

复盘是高手的成长秘籍，高手在持续复盘中更新知识。通过创办读书会、创建学习社群、出版图书等，你也可以加速迭代、不断进化。

行动时刻

　　请回忆一下你的个人知识管理现状：在以上7个环节中，哪些是你之前所忽略的？请将答案写在下面的横线上。

_____

_____

_____

　　真正拥有知识的人会知道，每个人在学习的路上都无法一劳永逸，时代在督促着你每日精进，生命不息，学习不止。希望从现在开始，你能告别"知识搬运工"式的低效努力，树立打造个人知识管理闭环的意识，拥抱知识，跟上时代的脚步。

　　也希望个人知识管理成长闭环能帮助你成为更高效的学习者，帮你更加从容地应对时代的变化和各种难题。

第二节　做好自我管理工作，开启个人精进之路

　　在通过知识管理实现个人精进的路上，我发现很多人都比较有上进心，也愿意行动。但在真正做一件事的时候，有些人的自我管理能力不强，往往想到却做不到、内心充满了挫败感。

　　比如，我们都知道读书很重要，但真正做到每天读书的人并不多，大部分人三天打鱼，两天晒网。他们往往激动时读上几页书，随后就把书扔掉一边，因为觉得平时太忙了，根本没时间读书。他们想要晚上读书，可是往往在下班以后又觉得筋疲力尽，

根本没有力气，于是选择玩手机，去刷朋友圈、追剧、看视频、打游戏等，读书一事早就被抛到了九霄云外。

其实，这就是自我管理能力差的表现。从某种意义上讲，**每个人都是一家公司，每个人都是自己的 CEO（首席执行官，Chief Executive Officer）。要让公司运转良好、实现效益最大化，你必须做好自我管理工作。**

若想加强自我管理，你可以从以下 2 个方面入手。

做好时间管理

时间管理这一话题似乎有些老生常谈，却是很多人的弱项与痛点。成年人的世界没有"容易"二字，仅工作一项，常常就占据了一个成年人大部分的时间，更别提还有人经常加班。成年人似乎将整个生命都献给了工作。即使下班了，你可能还在通过手机处理一些临时工作。在忙碌的工作之外，人们还忙于做家务、照顾孩子，属于自己的时间并不多。许多全职妈妈也过得非常辛苦，她们并不清闲，甚至比上班族还要忙，忙起来甚至顾不上吃饭，每天都像陀螺一样不停地旋转，没有太多属于自己的时间。

我们每天忙碌，却很少正视自己的时间分配状况。经典的"时间管理四象限"理论（见图 1-2），按照事情的重要、紧急程度，将待处理的事情分为以下 4 种：重要且紧急；重要不紧急；紧急不重要；不重要不紧急。

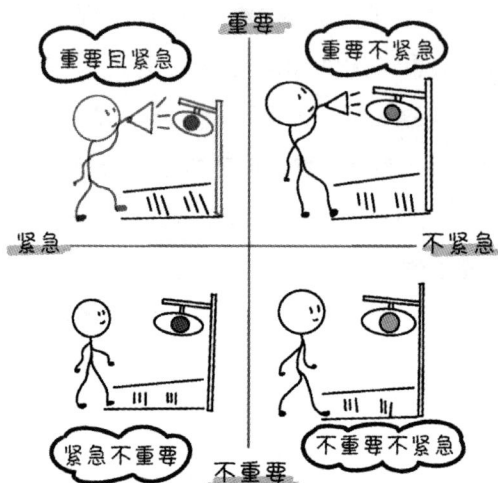

图 1-2 "时间管理四象限"理论

大部分人都是被"重要且紧急"的事情消磨了大部分注意力，比如工作；被那些"紧急不重要"的事情消耗了精力，比如接电话、收快递；又被"不重要不紧急"的事情填满了业余时间，比如玩手机、追剧、打游戏；最终，留给"重要不紧急"的事情的时间变得微乎其微。

经此分析，你会发现，时间管理的关键不是管理时间，而是在忙碌的日子里找到属于自己的时间，坚持去做"重要不紧急"的事情，用于个人精进。事实上，很多人都不约而同地选择了早起，这样才能在忙碌中守住属于自己的时间。

当你还在被窝里做梦时，别人早已开始锻炼、阅读、工作，走在为梦想拼搏的路上了。

之前我在上班时，也曾深受没时间学习这一问题的困扰。当时我每天忙着上班，工作中我一直在输出，缺少知识输入，感觉整个人好像被掏空了。而且，高强度的工作让我非常疲惫，我每天回到家都觉得筋疲力尽，基本上吃完饭再看一会儿电视剧就洗洗睡了。这样一天天机械地重复工作和生活，让我觉得自己好像活成了一台赚钱的机器，辛苦奔波却看不到未来。我感到非常郁闷、不开心。

我必须做出改变，找到属于自己的学习时间！经过分析我发现，我唯一能控制的时间只有清晨。对于大部分上班族来讲，上班要准时打卡，下班后可能需要加班，无法准时下班，导致晚上的时间不太可控。就算能按时下班，经过一天辛苦工作回到家里，你可能还要做家务、带娃，有各种事情要处理，晚上属于你自己的时间其实并不多。

于是，我下定决心开始早起，利用上班前的时间读书、听课、学习以提高自己，效果显著。早晨是大脑工作的黄金时期，这个时候人的工作效率非常高。当我开始每天 5 点起床做些有意义的事时，我感觉自己好像来到一个全新的世界。在这个世界里，我拥有整块的时间读书、学习，这种感觉非常美妙。而且，清晨的时间大部分人都在睡觉，没有人会打扰我，我的学习效率也非常高。这种充实的时间安排，为我带来每天进步一点点的踏实感，我的内心也跟着生出许多对未来的期望，心中的阴霾也一扫而光。

如果你想让早起发挥最大的功效，需要做好早起后的时间规划，以免浪费时间。你可以早起读书，如果你每天早起读书，一周便可以轻松读完一本书，从而在不知不觉间提升自己的认知；你可以选择早起写作，人在刚起床时，灵感比较多，如果你能及时抓住这些灵感，写作进程会相对顺畅许多；你也可以选择早起运动，清晨运动，是很多人打开美好一天的绝佳方式。

当然，每个人的生物钟不一样。如果你是"早起困难户"，也可以尝试将晚上的时间用于个人精进。不管是早起还是晚睡，最重要的是，你要守住你的个人时间，去做一些"重要不紧急"的事情。

世界的大部分美好，是由"重要不紧急"的事情组成的，比如读书、学习、运动等。"重要不紧急"的事情，可以让你的生命获得滋养和能量，让你成为更好的自己。"重要不紧急"的事情，可以让你变得更加有竞争力，更加自信有能量。你的每一点努力，时间都看得见，不知何时，生命便会还给你惊喜。

华杉是上海华与华营销咨询公司董事长，他长期坚持早起，每天晚上 9 点半就睡觉，第二天早上 5 点起床，非常自律。每天早上 5 点至 7 点，他都在写作，这一习惯从未间断。**比你优秀的人，也许比你还要勤奋、努力，也希望你可以好好珍惜个人时间，每日精进，让生命变得闪闪发光。**

行动时刻

请回忆一下你自己的时间管理状况，并写出你的优化计划。

_____

_____

_____

在这里，我想分享一个我用了许多年的时间管理工具，就是手机自带的日历功能，它操作简单、容易上手。你可以在日历中输入所有待办事项，任务到期时，日历会自动提醒你。通过手机日历，你可以合理安排工作、学习、生活，合理利用时间。这样，

一方面你不会遗忘任务，另一方面，手机日历自身有提醒功能，用起来十分方便。

美国政治家本杰明·富兰克林（Benjamin Franklin）曾说："我未曾见过一个早起、勤奋、谨慎、诚实的人抱怨命运不好。"让我们一起早起吧！

做好精力管理

即使坚持早起，很多人也无法高效工作、生活、学习，这是因为他们败在了精力管理这一关。

我离职后便开始创业，做了一个小项目——"格格读书营"。麻雀虽小，五脏俱全，为了经营这一项目，我每天都特别忙碌，慢慢习惯了"007"的工作节奏，我每天从早忙到晚，甚至春节也不休息。工作之余，我坚持读书学习，每年读书100余本。很多人觉得不可思议，问我有什么保持精力充沛的秘诀。

与他们细聊之后，我发现，有些人之所以搞不定一些事，不是因为他们没有心，而是因为没有力，每天忙碌的工作让他们"没电了"，而我仿佛一直处于"电量满格"的状态，总是有足够的精力，每天从早忙到晚也不觉得累。

于是，我对精力管理有了兴趣。我发现，那些精力充沛的人有一大共同特质：非常注重运动。我想，我可能是由于无意间爱上了运动，才不经意解锁了保持精力充沛的密码。

运动让人拥有更加健康的体魄和更加充沛的精力，以应对工作和生活的挑战，这是健康生活的根本所在。马约翰是清华大学最负盛名的体育人物，也是清华大学的体育部主任。1958年，76岁的他和清华土木系的麦淑良教授合作，赢得了北京市网球双打冠军，引起轰动；年近 80 岁时，他依然白天工作 8 小时，晚上工作 2 小时。清华的学生都希望能够像他一样，毕业后"为祖国健康工作 50 年"。

没有人天生是运动健将，但每个人都可以找到适合自己的运动方式。之前，一提到运动我就特别自卑，恨不得立刻找个地缝钻进去。为什么呢？因为我从小就是一个"体育特差生"，也不知道是因为体质不好还是生性不爱运动，我的体育成绩总是班里倒数几名。别的同学都特别喜欢上体育课，而我每到体育课都如临大敌，因为那意味着我又要在全世界面前暴露我的缺点，承受一次次补考的痛苦。运动，让我产生剧烈的羞耻感和自卑感。直到毕业，我才彻底和这一噩梦挥手告别，我太开心了，我再也不用运动了！

可能命运也不忍心见我如此堕落下去。2016 年，我偶然间读到了村上春树的《当我谈跑步时，我谈些什么》，被深深地触动了。在作家生涯开始之际，村上春树开始长跑。从夏威夷的考爱岛，到马萨诸塞州的剑桥；从日本村上市的铁人三项赛，到希腊马拉松长跑古道，他一直在奔跑。村上春树说：**"跑步成为我日常生活的一根支柱，只要跑步，我便感到快乐。在我诸多的习惯中，跑步是最有益的一个。"**

就是这本书，把我带到了跑步的世界，我跃跃欲试，穿上运动鞋，开始尝试跑步。当时，我特别羡慕那些能跑半程马拉松的人，觉得我此生只要有幸跑完一个半程马拉松，就没有遗憾了。没想到，当你真的给自己一个机会，迈开双脚开始奔跑时，生命也会许你一个奇迹。那一年，我创造了一个属于自己的小奇迹，通过坚持练习，我竟然用半年的时间跑下了 6 个半程马拉松和 1 个全程马拉松。更重要的是，从那之后我爱上了跑步，开始让运动成为一种生活方式。爱上运动之后，我切实体验到了运动带来的好处。

据说，很多精英人士无论工作多么忙，生活节奏多么紧张，在运动上都从来不打折扣。不找借口偷懒，是他们的生活原则之一。

其实，不仅是精英人士，我身边的很多普通人也在坚持运动，并因运动而受益。格格读书营的许连杰同学就是其中之一。她是内蒙古通辽市汽车后市场的一名创业者，同时也是两个孩子的妈妈。她十几年如一日地在自己的小事业里打拼，每天都有忙不完的事情，有时她也会觉得心力不足。在我的推荐下，她阅读了《认知觉醒》这本书并大受震撼，开始用"早冥读写跑，人生五件套"开启高效的人生。她用早睡的方式逼自己早起，养成了23:00前入睡的习惯。她每天4:50起床，5:00开启每日晨读并写晨间日记，5:40出去跑步。她从2019年开始跑步，每次坚持跑4~5公里，每周跑4~5次，她还跑了4次半程马拉松。长期坚持跑步，帮助她摆脱了精力不足的状态，使她得以在忙碌的生活中重建内心的秩序。此外，跑步使她保持旺盛的战斗力，精力充沛地迎接全新的一天，令她的工作、生活、学习变得更加高效。早起、晨跑、阅读、工作、带孩子、社交，不管多忙，她都从容面对各项琐事，活出了全新的自我。

行动时刻

请问你有运动的习惯吗？如果没有，请写出你的运动计划。

_____

_____

_____

要想做好精力管理，除了找到适合自己的运动方式并坚持运动，你还要注意休息。你可以在忙碌之余，选择做按摩、散步、和朋友聊天、回归自然、休假等方式给自己充充电。如果你的身体一直处于忙碌、紧绷的状态，那么它迟早会出问题，劳逸结合方为长久之道。

当你做好时间管理和精力管理，你会发现，仿佛多了两位高人为你保驾护航。比如，如果你想每天读书，那么第一要做好时间管理，利用每天早起的时间来读书；第二你还要做好精力管理，这样即使晚上到家也可以有精力来读书了。

时间管理帮你更加从容地应对忙碌的日子，使你合理安排好工作、学习和生活，遇事不再慌张；精力管理，让你拥有超强的续航力，帮你随时投入战斗，应对工作、生活、学习中的各种挑战。

希望在时间管理和精力管理的双重加持下，我们都能做好自己的人生 CEO，绽放自己的光芒。

第三节　巧用两大工具，让知识管理事半功倍

工欲善其事，必先利其器，你可以借助强大的工具做好个人知识管理，助力有效学习。好的工具相当于大脑的加速器，助你事半功倍。我在这里将介绍两个比较常用的个人知识管理工具——浮墨笔记和思维导图。

工具一：浮墨笔记

浮墨笔记（flomo 笔记），是基于《卡片笔记写作法：如何实

现从阅读到写作》一书，精心研制而成的一款笔记工具。它可以帮助我们持续不断地记录个人思考，做好知识管理，积累更多的知识资产，打造属于自己的第二大脑。

那么我们该怎么巧用浮墨笔记呢？

1. 善用标签，打造个人知识图书馆

一般人的知识组织就像一个"仓库"，有些人只管堆放知识，从不整理仓库。结果就是学的东西太多了，时间长了找都找不到。为了避免这种情况的发生，我们需要对知识仓库分门别类进行整理，使仓库变成个人知识图书馆，方便我们及时找到所需的知识。分类整理知识，会让我们的大脑更清晰，让知识的温习和调用过程变得更简单。

在浮墨笔记里给知识加"标签"，即添加"#"，可以帮助我们轻松地分类整理知识（见图1-3）。

图1-3　通过标签分类整理知识

具体操作步骤包括输入知识笔记和输入知识分类标签 2 步，具体见图 1-4、图 1-5。

图 1-4　操作步骤 1：
输入知识笔记

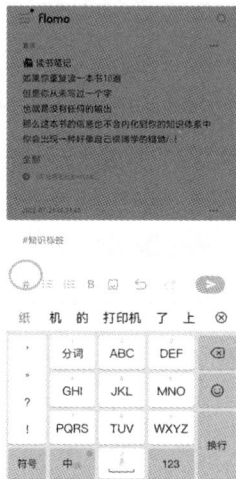

图 1-5　操作步骤 2：
输入知识分类标签

只须简单 2 步，你就可以把自己所学的知识进行分类管理了。每次新吸收了不同类型的知识，你都可以将相关知识笔记分类到这个知识标签下；当想调用该类知识的时候，你只需要选择知识主标签，就可以很快检索到之前的笔记。

在浮墨笔记中，你可以把知识标签想象为一个个知识篮子，每个篮子负责收集特定种类知识。当你在工作生活中遇见难题，需要借助某类知识解决问题时，你可以快速找到曾经记录的笔记，做到学以致用。

2. 学而不思则罔，通过每日回顾复习引发思考

很多小伙伴学了很多知识，也记了很多笔记，但是因为忘了

安排一个关键的复习环节，慢慢将知识遗忘了。这也是为什么有些人虽然学了很多，还是没有什么大的改变的原因。

浮墨笔记有一个特别好用的功能，就是"每日回顾"（见图 1-6）。若你开启了这一功能，每天一到时间，浮墨笔记便会准时、随机地推送给你一些你之前记录的笔记。它帮助我们做到"温故而知新"，使我们把知识更好地内化到知识体系里。

具体方法：你可以在微信上搜索"flomo 浮墨笔记"并关注该公众号，返回客户端并将账号与微信绑定，最后开启"微信回顾"功能，一个账号每天最多可以设置 3 条提醒（见图 1-7）。

每个人可以根据自己的时间，设定每天复习的时间。我个人就根据自身情况，设定了中午 12 点（见图 1-8）和晚上 9 点（见图 1-9）两个时间点用于回顾知识，微信在这两个时间点会自动为我随机推送两条之前记过的笔记。

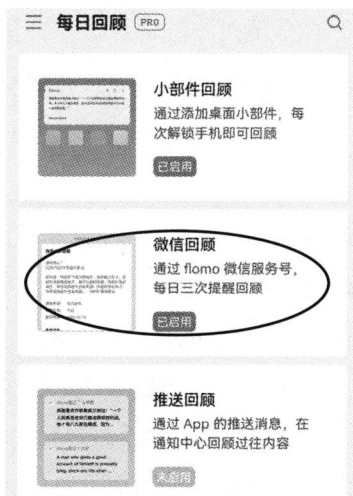

图 1-6 每日回顾　　　　图 1-7 开启"微信回顾"功能

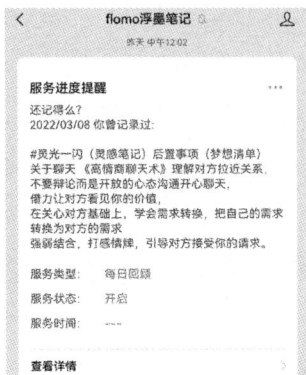

图 1-8　每天中午 12 点的微信回顾图　图 1-9　每天晚上 9 点的微信回顾图

除了浮墨笔记推送的这种被动回顾，我们也可以结合自身实际情况，定期对知识进行主动回顾。比如每月根据浮墨中的标签，快速复习自己上个月记录的知识。这种周期性回顾可以帮助我们再次整理、归纳之前的笔记，掌握知识的精髓。

3.微信输入，确保灵感不会稍纵即逝

在学习的过程中，有时我们会突然冒出一些灵感，这些灵感是非常宝贵的，稍纵即逝。如果不能被及时捕捉，将很容易被遗忘。

浮墨笔记有一个特别好用的功能，那就是"微信输入"，它可以帮助我们捕捉一些临时的灵感。

该功能的使用方法也非常简单，在绑定好账号之后，我们直接在微信公众号界面输入笔记内容就可以。笔记有文字、图片和语音三种形式，笔记内容会被自动同步至浮墨笔记客户端中。注意：我们语音输入的内容，会被自动转化为文字形式并保存，具体操作步骤见图 1-10～图 1-12。

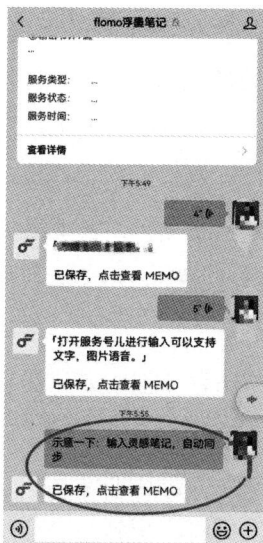

图 1-10　第一步：在微信公众号
　　　　　界面输入灵感

图 1-11　第二步：在浮墨笔记中点击
　　　　　"微信输入"

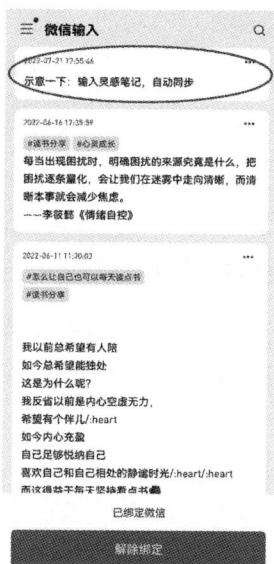

图 1-12　第三步：在浮墨笔记中查看通过微信记录的内容

4. 善用知识链接，打造自己的知识网络

很多时候，我们学习、努力工作的目的是成为更好的自己，过上自己想要的生活。试想，当你已经在一个单位努力工作了很久，但是为了有更好的发展，选择离开时，能带走的有什么？或许就是那些属于你自己的知识。随着年龄不断增长，我们最宝贵的资产也是知识，未来我们将因这些为自己掌握的知识而获得更大的回报。

在计算机时代之前，人们想象的大脑储存知识的方式是构建一座记忆宫殿，大脑会将所有知识分类，排列得井井有条，码得像堡垒一样整齐。实际上，我们大脑的神经元是网状的。

大脑不是图书馆，而我们在做知识管理时，也并非简单地将知识分门别类整理好即可，我们要让知识形成一个网络，以指导我们做出更好的决策。

浮墨笔记有一个特别好用的功能，就是"知识链接"。随着我们要管理的知识越来越多，知识之间的链接也将越来越多。这种整合会引发很多新的思考，也会帮助我们更好地运用知识，解决实际问题。

知识的链接有两类，建立链接的方法也很简单。

第一类：链接已有的两条知识

对于已有的两条知识，我们可以通过复制"MEMO"链接的方式，让知识产生关联，操作步骤见图 1-13~ 图 1-15。

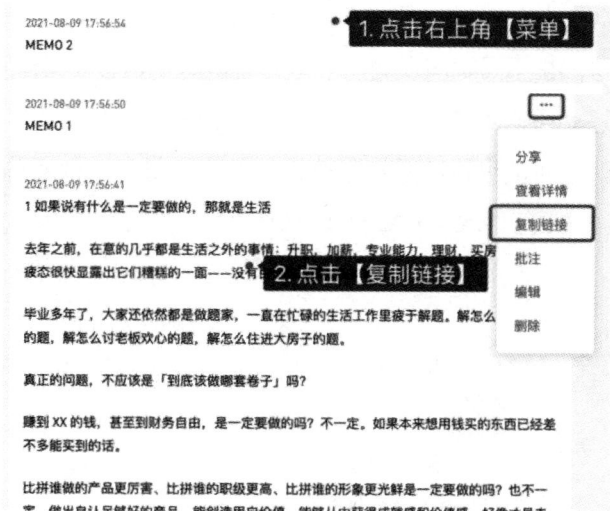

图 1-13　第一步：找到一条笔记，点击"复制链接"

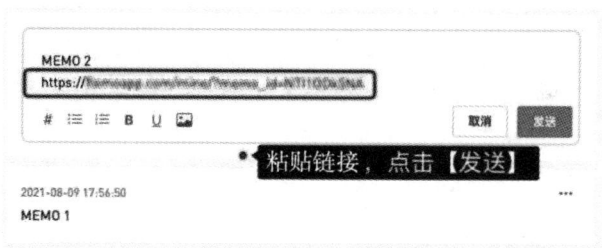

图 1-14　第二步：找到相关联的笔记，粘贴链接

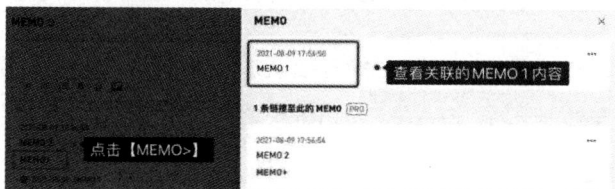

图 1-15　第三步：两条笔记已被链接到一起

格格读书营的侯小晶同学，针对自己个人成长中缺少复盘环节的问题，在不同时间段的三条笔记之间做了链接（见图1-16）。她在了解复盘的重要性之后，便把复盘相关知识与实践复盘的计划相关联，而这也帮助了她坚持日复盘和周复盘，慢慢地过渡到月复盘，她最终养成了复盘的好习惯。

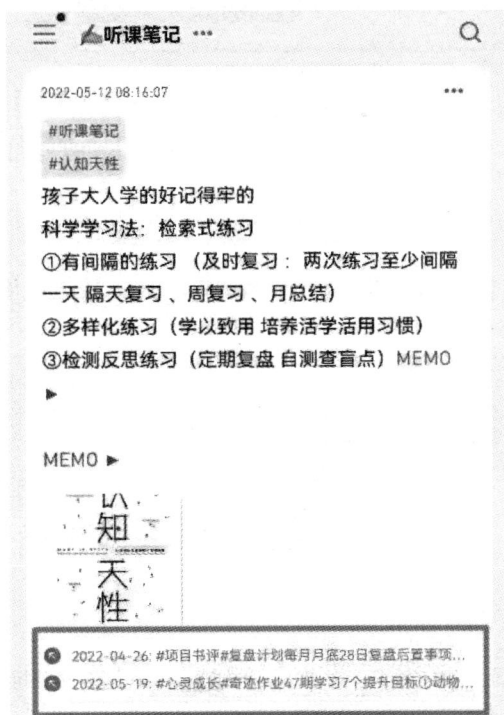

图 1-16　三条笔记间的链接示意图

第二类：想在一条笔记的基础上加入新知识，该怎么做

如果你已经有了一条知识笔记，此时又有了新的想法，你想在二者之间建立链接，那么该怎么操作呢？方法很简单，就是在原笔记中添加批注，操作步骤见图1-17～图1-20。

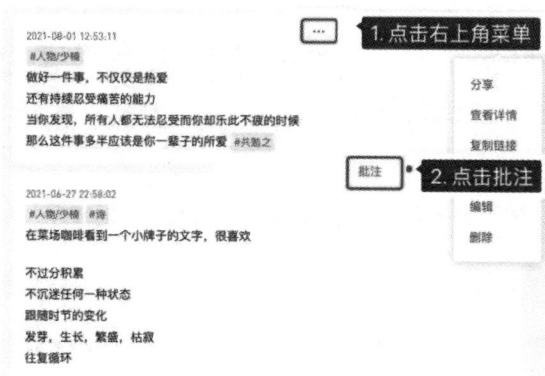

图 1-17　第一步：在原笔记中添加批注

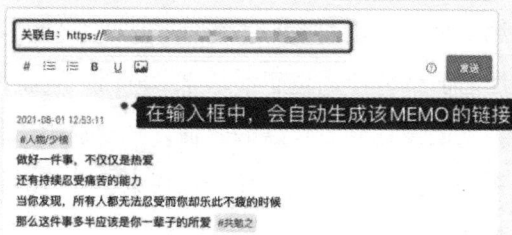

图 1-18　第二步：新的输入框内将自动生成链接

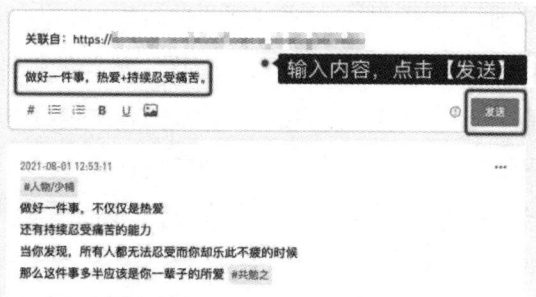

图 1-19　第三步：输入新知识

图 1-20   大功告成，已有笔记被加入新的链接

格格读书营的侯小晶同学一直在用浮墨笔记辅助进行知识管理。她在开启个人知识管理大门后 5 个月的时间内，已经记了 300 多条笔记。不仅如此，她还养成了随手记笔记的习惯，随时在自己热爱的领域中记录所思所想。通过一段时间的记录、整理，她发现自己在写书评、做读书分享时，已经可以更轻松地调取知识，她好像有了第二大脑。在需要的时候，她还可以随时调取想要的知识，不再像之前那样什么也想不起来。同时，在坚持做知识管理的过程中，她慢慢养成了复盘的习惯，在复盘中迭代自己。在浮墨笔记的帮助下，她看着自己在一点点进步，一点点突破舒适区，她整个人也变得越来越自信。

工具二：思维导图

思维导图已经经历了很多年的发展。20 世纪 60 年代，东尼·博赞（Tony Buzan）发明了思维导图，最开始其被应用于脑力训练领域，现在已被广泛应用于学习、工作和生活中。事实上，凡是涉及思维发散、内容整理、思路呈现的场景，我们都可以用思维导图激发创造、梳理思路、完善逻辑，提高效率，从而让自己的思考变得更严谨、更全面。

1. 用思维导图进行知识管理的好处

使知识可视化。 "一图胜千言"，借助画图的方式，我们可以使知识可视化。小到背几个英语单词、记忆考点，大到建立个人知识体系，思维导图都能提供有力的帮助。

建立知识间的联系。通过画思维导图，我们可以在知识间建立联系，使知识变成有逻辑、有结构的图形，让知识更立体、更便于理解。

体现知识全貌。有时虽然我们读了很多书，但很难看到某类知识的全貌，利用思维导图，我们可以让自己看到某一领域的全貌，明确自己当前的定位，明白接下来该学什么。

2. 几款常见的绘制思维导图的工具

（1）Xmind

优点是功能丰富，可以插入公式、笔记、标签等，缺点是非会员导出来的图片有水印。

（2）幕布

优点是将大纲与思维导图相结合，易上手；缺点是模板和图标少，不方便用户美化。

（3）百度脑图

优点是用户可于线上直接创建、编辑导图，不用下载安装客户端；缺点是更适合于电脑端使用。

（4）MindMaster

优点是绘图模板和素材较多；缺点是软件上的部分模板需要用户付费才能使用。

以上软件，用户通过电脑浏览器搜索即可完成安装。各软件的功能也大同小异。下文将以 Xmind 软件为例，为大家介绍一下新手应如何利用软件快速做出思维导图。

3. 利用 Xmind 软件快速做出思维导图

（1）创建思维导图

打开 Xmind 软件，下方将出现弹窗，用户可以选择自己喜欢的样式，点击"创建"（见图 1-21）。

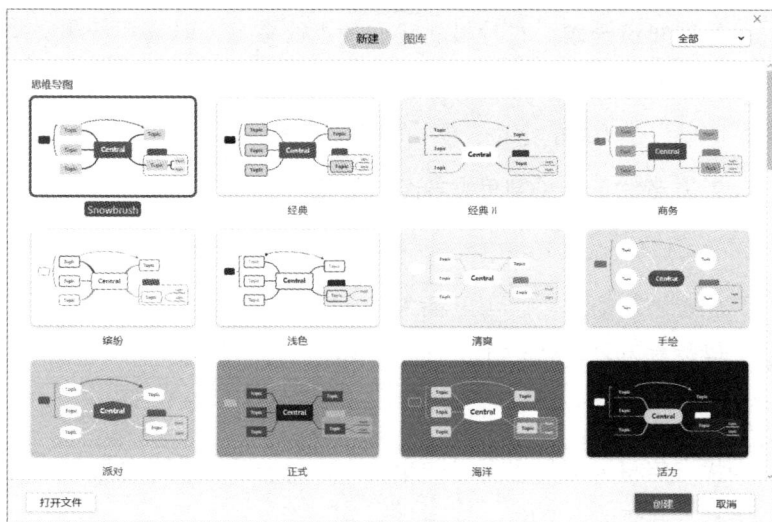

图 1-21　创建思维导图

（2）添加主题与子主题

用户选定想要添加主题或子主题的地方，点击上方工具栏的"主题"或"子主题"选项即可完成添加。主题即与当前主题并列，子主题是当前主题的延伸。图 1-22 中的思维导图的主题是《榨书》，子主题是"阅读力、逻辑力、表达力"等。

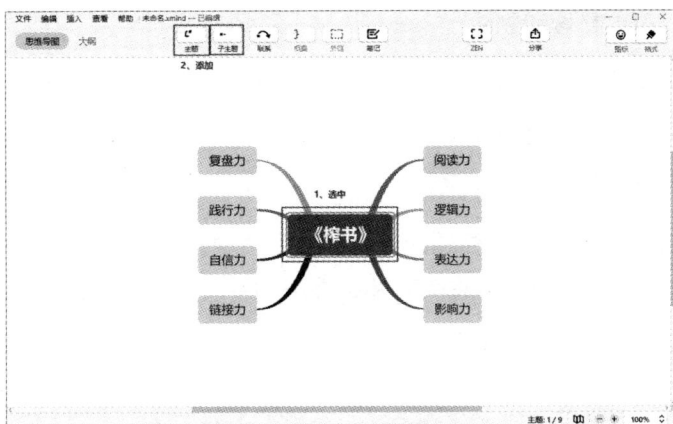

图 1-22　添加主题与子主题

（3）添加视觉元素

以添加图标为例，用户选中想要突出的主题，单击工具栏的"图标"，选择想要插入的图标，插入"图标"，图标则会在选中位置的前方呈现，该功能可以让关键词更加突出。如图 1-23 所示，图示操作为在"阅读力"前添加图标"1"。

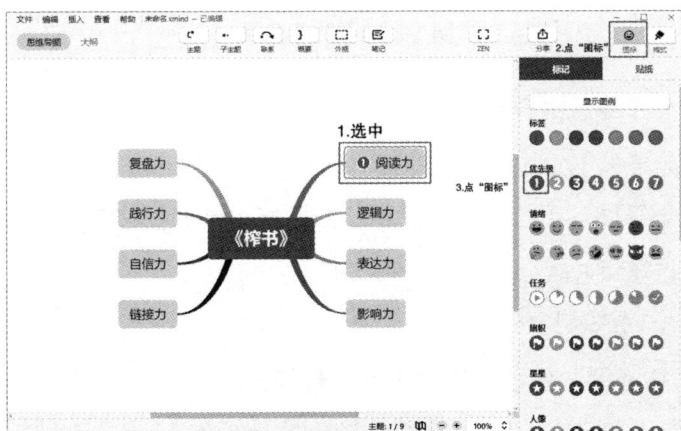

图 1-23　添加图标

（4）整理和删除

用户选中主题，按下键盘上的"Backspace"或"Delete"键，便可以对选中的主题进行删减。

（5）导出和分享

Xmind 支持多种格式的导出和分享。用户点击"文件"，再点击"导出"，就可以选择自己想要导出的格式并保存，可以保存为 PNG 格式、PDF 格式等（见图 1-24）。

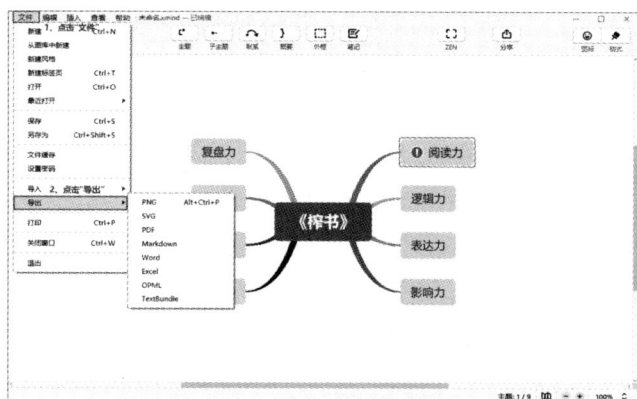

图 1-24　导出示意图

4. 手绘思维导图

如果你不方便使用软件或更喜欢用手写写画画，你也可以手绘思维导图。手绘导图很简单，准备好白纸和签字笔就可以了，参考步骤如下。

（1）绘制中心图

"中心图"顾名思义，即一张导图的中心部分，你可以在一张横放的纸中央的 1/9 处绘制中心图（见图 1-25）。不会画画的读者也不用沮丧，可以使用一些简笔画元素（点、线条、形状）来突出中心和重点。

图 1-25　中心图

（2）布局及绘制

你可以思考思维导图要介绍哪几大类的信息，权衡这几部分内容所占的比重，做好协调布局工作。图 1-26 所示为在步骤 1 的基础上加入了线条的延伸布局图。

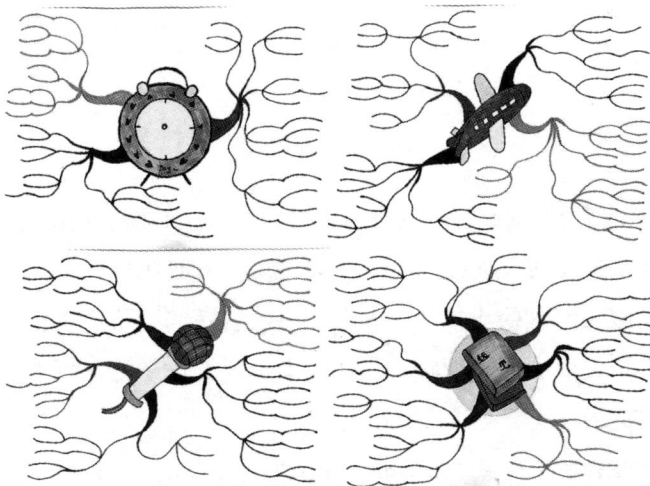

图 1-26　加入线条的延伸布局图

（3）写内容、标重点

写内容：在思维导图的每个分支上，都分配一个对应的关键词（见图1-27）。

标重点：在易忘、抽象、重点内容所在的位置，使用"小图标"进行提醒和强调。

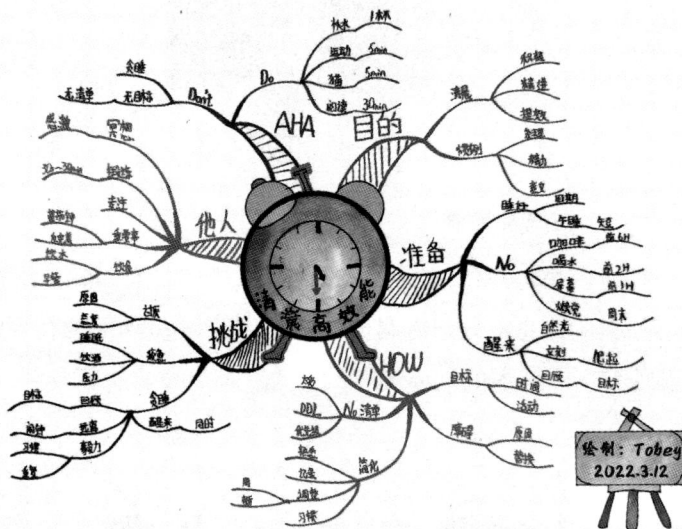

图 1-27　写内容

新手若想快速掌握思维导图，需要掌握以下3个关键点。

提取关键词。关键词可以让我们从被动吸收知识变为主动思考。提取关键词的小技巧有3个：将内容精简到不能再精简；多使用名词；做到便于理解。比如，刚刚我的这句话就可以被简化为"关键词、技巧、精简"3项。

逻辑清晰。一张逻辑清晰的思维导图（见图1-28），可以帮助我们开展更全面的思考，对内容进行高度提炼、概括与总结。逻辑分类的小技巧有 3 点：尽可能地列出所有要点；找出要点间的逻辑、分类关系；总结重点。

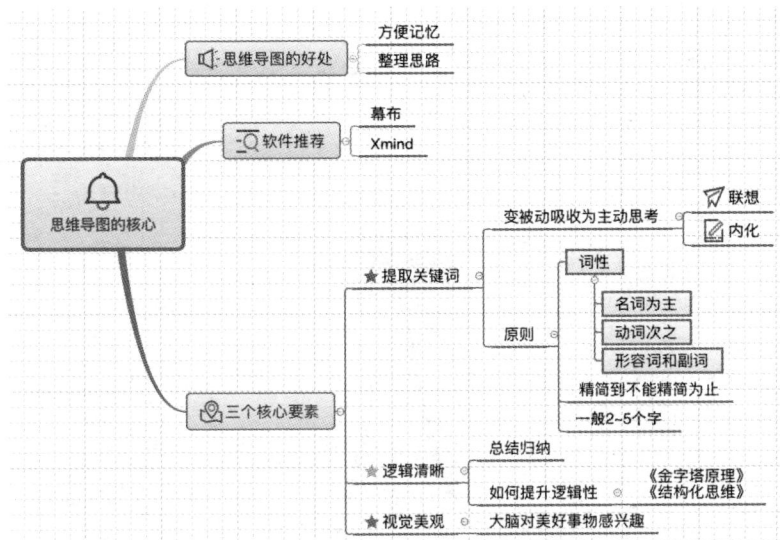

图 1-28 一张逻辑清晰的思维导图

视觉美观。 使用好的视觉呈现方式能让思维导图加分，焕发活力。使思维导图在视觉上变得美观的小技巧：用不同色彩对不同类别的内容进行区分；于关键部分处插入"图像或图标"强调内容；善于利用线条的粗细变化。在图 1-29 的思维导图中，"目的"一项内容前都加设了小图标，重点鲜明。

无论是使用电子导图还是手绘导图，你只要掌握了以上 3 个核心要素，便能做到思路清晰、事半功倍。

格格读书营的托比（Tobey）同学从 2019 年开始学习和使用思维导图，从 2020 年开始做竖版导图，并因热爱思维导图开设了思维导图入门培训课。2021 年，她借助思维导图工具，快速提高工

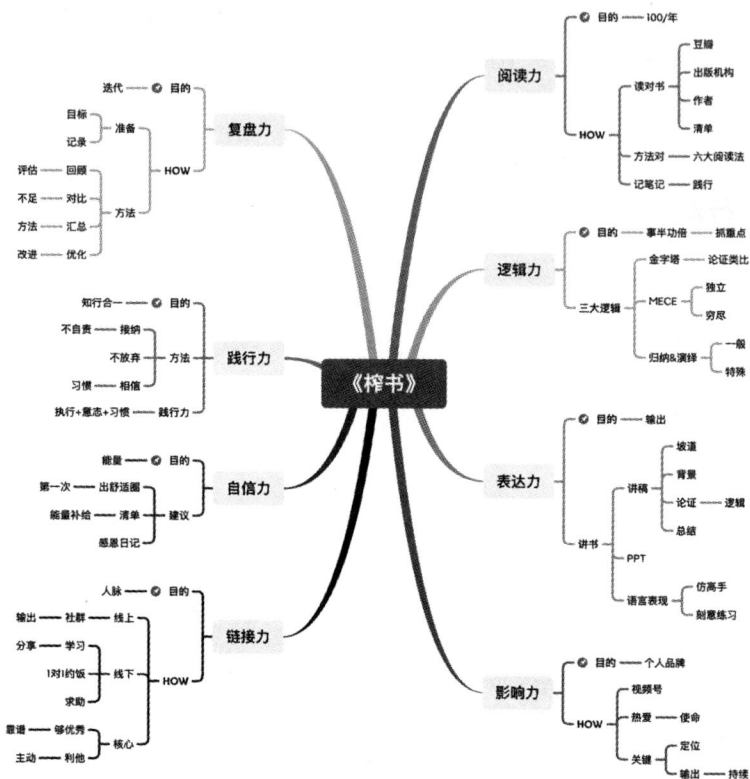

图 1-29　一张美观的思维导图

作技能，完成从大学毕业生到职场新人的角色转换。2022 年，她开始将思维导图融入快速阅读，开启了"一书一图"的实践。思维导图工具使她的思维和逻辑产生很大变化。她学会了结构化思考，这对她的工作、生活、学习也有很大帮助。借着思维导图的输出，她还认识了一些大咖和志同道合的小伙伴，打开了另一扇门。思维导图在她的生命中出现的频率越来越高，发挥着重要作用，并持续为她的工作、学习、成长赋能，她的生活也因使用思维导图而产生了变化。

在这个碎片化时代，思维导图不仅是个工具，还是帮助个人建立知识体系、打造核心竞争力的利器。

行动时刻

请试着使用以上两大工具，并写下你的使用心得。

_____

_____

_____

_____

这里我想特别强调两点。

第一，如果你之前不常使用类似工具，觉得用起来有一点难，不用泄气。我只是介绍了两种常用工具，在个人知识管理的路上，还有许多好用的工具等着我们发现。相信你可以在前行的路上找到适合自己的称手兵器。

第二，工具的使用需要经过刻意练习。很少人能一学便会、一用便行。如果你想解锁这两项工具，那么，请给自己一些耐心和成长的时间，相信你在练习后定能熟练使用它们。

希望以上两个工具，能帮助你在知识管理的路上披荆斩棘、收获有效学习的硕果。

第四节　拒绝碎片式学习，打造个人知识体系

现在是一个碎片化学习的时代。互联网和智能手机的普及，使得人们可以随时随地学习；此外，知识付费产品层出不穷，商家们为了迎合大众需求，开发出各种与碎片化学习相关的产品。各种短时间学完的知识付费产品占领了大家的手机。你甚至可以在 1 分钟内习得一个知识点。

我周围的大部分朋友对这种产品都持欢迎态度，因为它们可以帮助个人充分利用碎片时间，而且带来的获得感非常强，使人有一种每天都在进步的成就感。

但是，如此习得的知识，通常支离破碎、不成体系。很多人热衷于关注一个个相互割裂的知识点，忽略了完整的知识体系的重要性。大部分知识之间是相通的，缺少了完整的知识体系框架，人们对知识的理解便不深刻，我们将不自觉地陷入被动学习而不自知。**只有基于特定目标，构建自己的知识体系，我们才能转被动学习为主动学习，从而有方向、有步骤地学习真正需要的知识。**

知识体系是一个系统

什么是知识体系呢？知识体系是一个系统，是人们为了解决某一类问题，将知识按照一定结构整合而成的相互联系的整体。对于学习者来说，唯有建立起知识体系，才能连点成网，使知识发挥最大效力，进行有效学习。

1. 知识体系能够吸附碎片化知识

各种碎片化知识，就像是一片片叶子，而知识体系就像一棵大树。我们平时接触的碎片化知识，可以通过与体系里已有知识建立联系，在知识体系的大树上找到适合自己的位置并附着其上。不仅碎片化知识可以找到自己的用武之地，知识体系的"大树"也可以因此而茁壮成长。

2. 知识体系有助于高效记忆

碎片化知识若不成体系，将比较散乱。我们在初接触零散的知识时获得感很强，但转瞬便会忘记它们。知识体系是一个较大的意义组块，可以将知识按照一定的结构层次组织起来，若知识之间的联系较多，你只需要记住一个，便可以想起一串，从而减轻记忆负担，提高记忆效率。当你把新学到的知识和以前的知识连在一起时，知识才算真正长在了你的大脑中。

3. 知识体系放大了知识的价值

个人通过一定的方法，将分散的知识重组并构建起一个体系之后，知识的价值将成倍扩大。知识与知识间的碰撞、不同的理解视角，都可以带给人们启发。构建知识体系催生出一个个新思想、一门门新课程、一本本新书、一件件新产品。知识付费模式兴起后，一些注重知识积累的普通人因为构建个人知识体系而变现、成为知识大 V 甚至成功创业，实现了人生跃迁。

如何构建个人知识体系

那么，要如何构建个人知识体系呢？

1. 要专注于一个细分领域

"弱水三千，只取一瓢饮。"你必须专注于一个细分领域，这是构建个人知识体系的前提。如果你想建立一个关于管理学的知识体系，那目标就太大了，因为管理学覆盖的面积太广，不是某个人可以全面把握的。你需要定一个更细的目标，比如研究项目管理、人力资源管理、知识管理等。

一个知识体系一定是为某一个具体的细分领域服务的。如果你没有明确想钻研的细分领域，就好比一开始就选择了无法到达的"远方"。

如果没有细分领域，面对浩瀚的知识大海，你会感到非常迷茫，充满挫败感。很多人甚至妄想在自己的大脑里构建一个综合性图书馆，这远不如在某一领域成为专家更具可行性。

2. 搭建知识体系框架

要想获得个人知识体系的大树，就需要搭建知识体系框架，这相当于为大树找到主要枝干。一提到框架，很多人首先想到的是，自己要博览群书，这其实是一个非常低效的方法。比较高效的办法是去网上搜索目标领域的思维导图，你在选定几个优质的导图后，经过比较分析，便可以轻松搭建出属于自己的框架。

当然，你也可以用另外一种方法，即反复精读该细分领域的一本口碑不错的经典教材。很多经典书的目录便是一个非常好的知识框架，你可以先把作者写的目录记下来，再结合自己的理解进行调整。这个目录，就是你构建知识体系的一个出发点。

3. 填充知识体系

当一棵大树有了树枝后，你就要为其填充树叶，使其成为一棵枝叶繁茂的树。围绕目标领域进行大量的主题阅读是一个非常有效的方法。主题阅读并不复杂，难的是如何寻找合适的图书。建议你用关键词在豆瓣等图书网站进行搜索，结合网友们对图书的评价，选出最合适的 10 ～ 100 本书，进行主题阅读。只有在短时间内大量进行阅读，你才能帮自己快速建立起关于该领域知识的初步印象，让知识体系的树枝更加茂盛。

当然，除了通过主题阅读积累的知识，你偶然而得的知识、刻意上网搜索学到的知识、听课学习获得的各种知识等，都可以被及时填充到这棵知识大树上。

4. 完善知识体系的内容

构建知识体系并不是一件一劳永逸的事，你需要不断完善知识体系。在经过大量学习与实践后，通过不断地总结完善，你又会对该领域产生新的认知。随着经验的增加、知识的积累，你会继续修改和完善自己的知识体系。

而且，短期内无法掌握一个领域的全部知识，你需要持续跟踪、关注这一领域的知识，慢慢地，你的大脑中将初步形成一个知识体系。在学习与实践的循环里，你可以查漏补缺，不断完善知识体系的内容。

⊃ 案例　个人阅读知识体系搭建

我个人主要通过学习和实践构建关于阅读的知识体系。

第一阶段：亲自实践，摸索阅读方法

我从前很少读书，后来在新东方工作期间，受到俞敏洪老师的影响，才爱上了读书。于是，我立下了"一年读 26 本书"的小目标，开始读书。我在摸索中前行，慢慢找到了适合自己的六大阅读方法。

第二阶段：主题阅读，初步构建阅读体系

在我想成立线上读书社群"格格读书营"时，我便将经多年阅读摸索出的读书成长方法论进行了系统化梳理，开始用授课形式进行输出。

在这一过程中，为了让课程的内容更加丰富，我围绕该主题进行大量主题阅读，初步构建个人阅读知识体系。

第三阶段：主题学习，完善阅读体系

我继续围绕上述主题进行学习，拓展输入渠道，方法包括进行主题阅读、听课、看文章、请教"牛人"等，我不断迭代该领域的知识体系，并在学员的反馈中不断优化课程，最终正式出版了《榨书》一书，形成一套较为满意的内容。当然，在《榨书》出版后，我精进的脚步也并未停止，我仍在完善个人阅读体系的路上努力着。

构建个人知识体系，是一个将自己学习和实践所获得的知识，按照一定的结构、层次重新进行梳理、不断完善，最终组成一个系统的过程。构建个人知识体系并不是一件特别遥远、特别"高大上"的事情，它能让每个人受益。

格格读书营的"妈咪私塾"同学，因在育儿之路上搭建起了自己的知识体系而受益匪浅。她家中有两个女儿，大女儿 7 岁，小女儿 3 岁。为了养育好孩子，曾经的她早上听微课，中午听直播，晚上刷大 V 的短视频，每天忙得团团转，好像学了很多，但又什么都没学会。她试着改变，走出这种困境，又常常越努力越焦虑。后来，在我的建议下，她告别了浅阅读、浅思考的碎片式学习，开始搭建完整的知识体系。她开始有的放矢地针对育儿领域进行主题阅读，并为自己定了一个目标：每年读 100 本书，3 天读完一本书。之后，她每天一有空便拿起书，把零碎的时间整合起来，认真读书，从通俗到专业，一本本育儿书帮她搭建起关于育儿的框架思维，帮她解决了在育儿过程中遇到的各种问题。她不仅自己读书，还使孩子爱上了读书，每当读到有趣的内容，她都会分享给孩子，这让她收获了良好的亲子关系。现在，她每年都会读 100 多本书，两个女儿也听话、懂事、爱学习，她成了朋友们眼中的育儿专家。

行动时刻

　　如果你打算构建个人知识体系，你想聚焦哪个细分领域？为什么？

_____

_____

_____

　　最后笔者特别强调一下，我发现很多人对知识体系的认知都存在一个误区：追求成为一部"行走的百科全书"。读完所有书、掌握所有的知识其实是一个非常不现实的目标。一个人终其一生，若能成为某个细分领域的专家，便已经非常不容易了。贪多嚼不烂，目标定得过大也特别容易使人产生挫败感，得不偿失。

　　正因此，学习一定要以自己为中心，缺什么知识就去补什么知识。本专业的知识是你安身立命的根本，你需要不断精进它们，助你在职业生涯之路上越走越远。至于其他领域的知识，你挑自己感兴趣的构建知识体系即可。尤其是工作之后，你能用于学习的时间、精力有限，先关注自己当下所需再逐步扩大学习圈才是明智之举。

你在心中种下知识体系的小树苗后，它会不断汲取各类营养，慢慢长成一棵枝繁叶茂的参天大树，结出丰硕的果实。那时你会觉得，自己的一切付出都是值得的。

本章知识盘点

1. 收获：本章最重要的 3 点收获

收获 1：_____

收获 2：_____

收获 3：_____

2. 金句：本章最打动你的 3 个金句

金句 1：_____

金句 2：_____

金句 3：_____

3. 输出：你将以哪种方式输出本章所学

输出 1：_____

输出 2：_____

输出 3：_____

4. 行动：读完本章，你计划采取什么行动

行动 1：_____

行动 2：_____

行动 3：_____

第二章

明确目标，从此学习不再焦虑

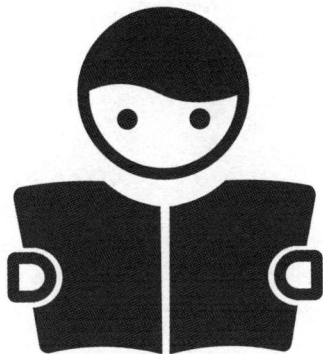

进行个人知识管理的第一步，就是明确目标。很多人对知识管理有一个误区，希望把自己的大脑变成一个百科全书式的图书馆，这是一个不切实际的目标，它会让人感到无能为力，使人容易被焦虑和挫败感打败。真正的高手，都有一个明确的学习目标。

第一节　告别知识焦虑，清醒地看待学习

这是一个焦虑的时代。随着知识付费模式的兴起，人们在学习方面也会焦虑，患上所谓的"知识焦虑症"。每天一打开手机和电脑，各种各样的信息便扑面而来，人们被淹没在知识的海洋中。

面对大量的信息，人们无法尽数吸收。每天你都感觉自己要学的东西有很多，生怕比别人慢半拍，害怕学到的知识比别人少。不管到底能不能学到东西，你看起来总是很忙，恨不得走路都要听课，一分钟时间也舍不得浪费。时间一久，便容易患上"知识焦虑症"而不自知。

知识焦虑 3 种主要表现

知识焦虑的主要表现有以下 3 种：

1. 跟风式

对知识缺乏独立的思考和判断。不考虑自己的需要，无论是几十元一本的书，还是几百元、上千元的课程，什么流行就学什么，看朋友买什么自己就买什么。

和朋友们聊天，有人无意间提起某本畅销书，而你竟然没看过，不知道他们到底在聊什么，于是你果断买书；和同事吃饭，你发现同事在听某课，而你竟然连这个课程的平台名字都没听过，你害怕落后，于是果断买课。

不管自己是否需要，买了再说，你仿佛总是害怕会错过什么东西。

2. 囤积式

不管是纸质书、电子书，还是音频课、视频课，你各种收集、"买买买"，像小松鼠似的，沉迷于囤积的快乐，仿佛拥有了不同形式的学习资料，就等于已经把知识装入大脑。当然，这只是一种幻觉。

你囤了很多本书，有些书买了很久还没有拆封，你根本看不过来；你囤了很多课，有些课买了根本没听，有些课买了之后甚至找不到听课入口；你囤了很多学习资料，但你基本上没有认真研究过它们。

不知不觉地，你产生了一种幻觉，感觉自己似乎拥有了一座图书馆。更可怕的是，你囤的书、课和学习资料，就像是被打入了冷宫的妃子，偶尔想起它们，你还会心生自责和愧疚。

3. 变现式

一些知识付费企业为了推广、宣传自己的产品，一直在鼓吹知识变现论。不管是读书、写作、演讲，还是形体、礼仪、着装方面的知识，仿佛不被变现就失去了价值。

冷静下来仔细一想，你会发现，不是所有知识都可以变现，也不是所有学习都是为了变现。很多人被铺天盖地的宣传所误导，为自己努力了却没有变现，或为别人变现了而自己没变现，陷入自我否定和极度焦虑之中。

克服知识焦虑，做一个清醒的学习者

其实，愿意学习肯定非常好，是有上进心的表现。

我们该如何克服知识焦虑，做一个清醒的学习者呢？

1. 看透制造焦虑的逻辑

知识付费时代的大部分内容，本质上都是以营销为驱动力的产品。营销者通过文案、图片、视频等形式，让你意识到你的问题所在，从而引发焦虑。而缓解焦虑的方式，无一不是入手他们的产品。

当然，我们不能否定知识付费的价值，我本人也是知识付费的受益者。但是，我们需要非常清楚自己到底需要哪方面的内容，不要盲目跟风学习。不然，你一打开手机，尤其是在看到"免费""速成"等字眼时，便可能被商家的宣传所迷惑。只有看透制造焦虑的逻辑，你才能做一个清醒的学习者。

2. 不当知识的囤积者

我们时常会有一种错觉，仿佛拥有了不同形式的学习资料，知识就已自动装入大脑。其实，这源于人类在漫长的进化过程中，养成的收集和储存物品的习惯。囤积能给人带来安全感，物品可以在我们需要时应对不可预知的未来，例如战争、贫瘠和饥荒。

但是，知识和人类之前所收集与储存的物品并不相同。单纯地囤积而不去学习、吸收，只会加重我们内心的愧疚感。你需要给囤积的知识，来一次断舍离！

你可以抽时间进行一次存货整理，将你买到家里很久都没有拆封的书送给朋友，把你知道自己不会去学的课程删掉，取关你根本不会阅读的公众号，卸载那些很少打开的学习 App，清空电脑里囤积了很久却没有看过一眼的学习资料。从此，你可以轻装上阵，只把时间和精力放在对的事情上，不再陷入"焦虑—囤积—更加焦虑"的恶性循环。

3. 回归你的真实需求

当你并不清楚自己到底想要什么时，就特别容易被商家的变现宣传所带偏。

要缓解这种焦虑，重要的是你要有清晰的目标。对于普通人来说，能做好本职工作已经十分不错。如果你本身经济压力很大，不如换个薪水更高的工作或做份兼职，以有效提高收入。如果你本身经济压力并不是特别大，不如拾起自己的初心，问问自己到底想要什么？想成为什么样的人、想过什么样的生活？你学习是为了变现、为了提高技能，还是为了休闲娱乐？

当你想明白了自己到底想要什么，找到自己的优势，就能找到自己的学习目标。这时，你就不会再被社会上各种变现的宣传带着跑，也不会再因为别人将知识变现，而你没能变现而焦虑了。

格格读书营的同学"心言手语"，曾经最大的焦虑来自"写作变现"。在知识变现的宣传攻势下，能否中稿、是否实现"写作变现"，似乎已成为衡量一个人写作能力的标准。一直写不出能中稿的书评让她感到非常焦虑，她连续报了三个写作班，都不能解决这一问题，她甚至沮丧到不想继续写作了。

机缘巧合，她认识了我，特地向我请教自己在写作方面的困惑：是要先暂停写作，还是继续逼着自己艰难地输出呢？我引导她回想自己写作的初心，写作不应该是为了写而写，也不是为了赚稿费而写，应该是一种出于喜欢的分享；作品代表了作者的心声，是作者真挚情感的表达。

在我的引导下，她放下了"写作变现"的执念，重新找回写作的快乐。读书、写作，一直是她很喜欢的事。她被外界关于"写作变现"的声音所影响时，一度丢掉了写作的快乐，如今的她拾起初心，为了记录、思考和喜欢而写，反而一身轻松，重新爱上写作。

虽然目前她仍没有直接地通过写作达成所谓的"变现"，但她在写与工作相关的报告或文件时，越来越驾轻就熟，获得同事、客户的肯定。谁又能说，这不是一种成长和进步呢？

后来，通过进一步学习，她发现自己制作思维导图的能力和拍短视频的能力比较突出。她做出的思维导图令人称赞不已；她的短视频使她在朋友圈中大放异彩，用她自己的话说：她开始从一个"透明体"渐渐成为一个"发光体"。或许，这是一种比"变现"更为宝贵的收获。

行动时刻

请试着梳理你的真实需求，明确你到底为什么要学习？

_____

_____

_____

用以致学，学以致用。在买书、买课之前，你可以先问问自己，你想要的是什么样的生活？通过学习哪些知识和技能，你可以帮助自己实现这种生活方式？然后，你再聚焦这一领域，进行有的放矢的学习。比起漫无目的或者目标模糊的学习，这样的效果要好很多。**只有清楚自己想要什么的人，才不会为焦虑买单。**

第二节　用生命之轮，明确你的学习目标

在刘易斯·卡罗尔（Lewis Carroll）的《爱丽丝漫游仙境》中，爱丽丝（Alice）和猫的几句对话让人印象深刻。

爱丽丝问："我该走哪条路呢？"

猫说："这要看你想去哪儿。"

爱丽丝说："我也不知道。"

猫回答："那么你走哪条路都无所谓了。"

这是多么深刻又简单的道理。如果你想要在学习上有所成就，就一定要给自己树立清晰而明确的学习目标。在知识管理的路上，有些人很幸运，他们一开始就目标明确，向着目标大步前进。由于目标明确，即使过程中遇到了困难，他们也会努力突围，绝不轻言放弃。

而另一些人则没有那么幸运，他们可能一直不知道自己想要什么。**人没有了目标，就像是一艘船在大海上航行时失去了方向，人们将感到内心茫然，焦虑无助。**更可怕的是，由于方向是错误的，人们会由于加倍努力仍无法实现目标而陷入自我怀疑，掉入"越努力越自卑，越自卑越痛苦"的陷阱。

如果你也有类似的问题，可以借助四个简单的小工具，帮助自己梳理目标。

工具一：三维度梳理法

这个方法，是我跟一位老板学到的。之前，每到年底，老板都会让我们写总结，向她全面汇报自己一年的工作情况。那时，

我根本不会写作，觉得无从下笔。老板大笔一挥，指出了写作的方向，即按照工作、学习、生活三个维度来梳理自己。

这三个维度虽然看起来简单，却提供了一个全局的视角，它涵盖一个人的方方面面。比如 2022 年我的目标如下：

工作：继续营业，让格格读书营和短视频讲书营活下去，写完第 2 本书。

学习：继续打造个人品牌，提升个人势能。

生活：避免过劳，做到工作与运动、饮食、睡眠、休息相平衡。

这样的梳理工作，非常简单，但目标一下子就变得清晰起来，我找到了努力的方向。

工具二：墓志铭法

你可以找一个安静的时间，拿出纸笔，尝试着想象一下，如果你已经离开人世，你希望墓志铭上如何描述你的一生？

这是一个与自我进行对话的过程。很多东西在你的内心深处非常重要，只是平时你被眼前的忙碌占据了所有的注意力，无暇顾及它们。此时，当你安静地书写你的墓志铭时，它们就会浮上你的心头，它们代表了你内心深处的渴望。

我希望我的墓志铭是这样的：

格格：

作家，阅读推广人；

影响无数人爱上读书，

帮助 ×× （人） ××。

真是不写不知道，一写吓一跳！一方面，我发现我正走在实现梦想的路上。我现在已出版图书《榨书》，并正在写第二本书，但我还不是作家。我在北京发起线下公益活动——格格读书会，创立线上社群——格格读书营，走在阅读推广的路上。但我目前的影响力还非常有限，这也是我需要继续努力的地方。

另一方面，"帮助××（人）××"代表了我心底一直藏着的一个公益梦。穷则独善其身，达则兼济天下。我特别希望未来某一天，能扶贫济弱，帮助那些不幸的人。因此，我要继续努力，变得更加强大，发起更多的公益项目，为实现这一愿望而努力。

这样梳理下来，不仅目标清晰了，我似乎也一下子找到了生命不息、奋斗不止的动力。

工具三：生命之轮法

"生命之轮"可以帮你梳理人生目标和努力的方向。生命之轮共包括以下八个维度（见图 2-1）。

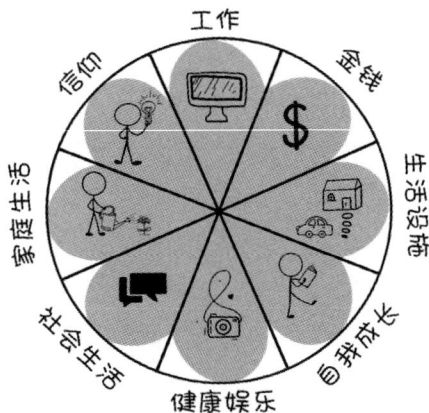

图 2-1　生命之轮

• 工作：职业生涯。

- 金钱：收入、理财等。
- 生活设施：物质生活条件，如住房状况、用车状况、办公环境等。
- 自我成长：自我学习或提升状况。
- 健康娱乐：自己的生理、心理状况。
- 社会生活：朋友关系、社交生活、社区关系状况。
- 家庭生活：婚姻生活状况、亲子关系状况等。
- 信仰：侧重精神世界。

那么，你该如何应用"生命之轮"来帮自己梳理方向呢？你可以依次对这八项内容按满意度打分（满分是 10 分），然后对分数排序。根据排序结果，确定自己要努力改进的方向，从而进一步提升满意度。

你会发现，"生命之轮"的八个维度对你的生活梳理得更为细致全面。一方面，它强调了一种平衡的理念，即各方面都要兼顾；另一方面，它直击你的不足之处，通过为自己打分的形式，你可以非常直观地明确有待改进的地方。

比如，经过梳理，你发现自己对工作方面并不满意，那么你学习时应该重点锁定与工作相关的知识，以提升自己的能力，使其助力职场；你发现自己的心理健康情况不好，经常产生抑郁、焦虑等负面情绪，那么，你可以将学习目标放在心理学方向，这样对你自己的帮助将更大。

格格读书营的同学九斤，就是通过梳理"生命之轮"重新明确了学习目标。她是一名北漂的互联网从业人员，初入职场时，她是职场里的"小透明"，一度觉得自己活得很迷茫、很累、很痛苦。闲时，她会学学绘画，排解一下郁闷的情绪。后来，她在我的建议下，开始思考并聚焦于自己的主要目标——工作。她想要获得更多的重视，积累更多的经验，实现升职加薪。

为了达成这一目标，她开始积极调整自己，不再漫无目的。她开始尝试站在领导的角度思考问题，主动找领导汇报工作，主动做一些职责之外的事情。为了更系统地学习专业知识，她开始围绕工作展开一系列的主题阅读，主动向组里做技术的同学请教，在工作时注重提升沟通技巧和沟通效率。当她做得越来越多的时候，她在同事的眼里慢慢变得不再那么"透明"，后来领导主动为她加薪，对她表示认可。可见，一个人在找到自己努力的目标之后，就会摆脱内耗，让生活恢复活力，让自己恢复能量。

工具四："SMART"原则

你也可以用"SMART原则"这一工具来进行目标管理。SMART原则由彼得·德鲁克（Peter Drucker）提出，最初被用于企业管理领域，现在也被广泛用于个人成长领域。

SMART原则共分为五步：Specific（具体的）、Measurable（可度量的）、Attainable（可实现的）、Relevant（相关的）、Time-bound（有时限的）。

1. Specific：目标应当具体

比如，"我要更好的职业发展"不是一个具体的目标，"我要升职加薪"则更具体一些，但是还不够，目标可以再具体一点，比如"我要升职为部门经理"。

2. Measurable：目标应当可度量

目标应该有一个具体的数字或实现标准，达到标准等于实现了目标。在设定目标时，你可以问问自己：我应该通过什么客观数据来判断目标是否已达成？比如，一天要看完 20 页书。

3. Attainable：目标应当可实现

如何设定一个可以实现的目标呢？大家在设定目标时，经常会高估自己、低估目标。一年读 200 本书对一些读书博主来讲，难度并不大，但若你没有良好的阅读习惯，也许一年读 100 本书便是一件非常吃力的事。不切实际的目标会让人充满挫败感。你不妨将目标设定为一年读 50 本书，可实现的程度更高。

4. Relevant：目标应当有相关性

目标并不是一个孤立的点，而是与其他目标、个人生活各方面都有牵扯。如果你的一个目标被实现后会给生活、工作的方方面面带来变化，那么，这个目标将激发更大的动力。比如，很多妈妈在跟我学习读书方法的过程中，发现自己的孩子受到影响后也开始主动拿起书来阅读，于是她们便更有动力坚持阅读。

5. Time-bound：目标应当有时限

有人说自己的目标都有时间期限，比如"要在 1 个月内读完 4 本书"，为什么依然无法实现？因为时间设置错了。

注意，截止日期是一个时间点，不是一个时间段。"一个月内"不是一个时间点，这个目标也不是一个有截止日期的目标。正确的设立方法是："今天是 2022 年 7 月 1 日，一个月后，我要读完 4 本书。"具体的截止日期，应该被定位到未来的具体某一天。

这就是目标设定的 SMART 原则。在使用 SMART 原则时，有以下 3 个注意事项。

一是拆解大目标。

将大目标拆解成小目标，有助于目标落地。很多人可能被大目标，如"一年读 50 本书"吓到，望而却步。这时，人们可以将目标拆解为"每周读 1 本书"，就会觉得轻松许多。想要继续拆解的话，你可以根据目标书的总页数，计算出每天要读多少页书，这样目标将更容易被实现。

二是调整小目标。

如果你在执行任务的过程中发现自己力有不足，一定要及时调整，不然很可能让内心充满挫败感。比如，在尝试每周读 1 本书的最开始，你可能由于没有掌握正确的读书方法，导致两周才读完 1 本书，这也是可以的。随着阅读效率提升，你可能每周读完 3 本书。这时，你需要在坚守大目标的情况下，灵活地调整小目标。

三是将目标落入行动日程。

有些人在树立目标时信心十足，行动时却难以坚持，因为他没有将目标落入行动日程。若你想每周读 1 本书，你就要继续明确一下，你每天应于什么时间、什么地点，读什么书。只有真的将目标落入日程，腾出固定的时间、空间，你才可以持续行动，实现目标。

哈佛大学有一个非常著名的关于目标对个体人生影响的实验。

学者们对一群智力、学历、环境等条件差不多的年轻人进行跟踪调查。他们发现：27% 的人没有目标；60% 的人目标模糊；10% 的人有清晰但比较短期的目标；只有 3% 的人有清晰且长期的目标。

25 年后，哈佛大学再一次走访这批年轻人，得出了一个惊人的结论。27% 没有目标的人，几乎都生活在社会的最底层，他们贫困潦倒，抱怨一切；60% 目标模糊的人，几乎都生活在社会的中下层，发展得普普通通，没有什么特别的成就；10% 有清晰但比较短期的目标的人，大都生活在社会的中上层，成为各行各业的专业人士，比如医生、律师、工程师等；3% 有清晰且长期目标的人，几乎都成了行业精英。

有目标的人和没有目标的人，过的是两种截然不同的人生。 有目标的人，在奔跑；没目标的人，在流浪。有目标的人，每天在目标的召唤下醒来，精力充沛地学习和工作；没有目标的人，内心迷茫，彷徨度日，在浑浑噩噩中虚度光阴。

行动时刻

请试着用以上工具梳理一下你的目标。

_____

_____

_____

若想成功，我们必须先拥有某种东西，那就是明确的目标。当我们知道自己想要什么时，强烈的渴望会牵引着我们前行，激励我们克服千难万险。

第三节 掌控你的生活，不做手机的奴隶

17 世纪哲学家托马斯·霍布斯（Thomas Hobbes）将好奇心比作"大脑的欲望"。人类对知识的渴望与探索无穷无尽，越是尝试

满足求知欲，人们越渴望知识。

这里所提到的好奇心，就是影响我们行为和活动的主要动机之一，即对新知识的探索。这一动机牵引着我们向前，让我们对知识产生渴望。

霍布斯认为，人们有了解"为什么"的需求，满足好奇心是一个自我激励的过程，能够激活大脑的激励中心，使这一脑部区域分泌多巴胺。从这一角度来说，满足求知欲给人带来的愉悦感，不亚于美酒佳肴所带来的愉悦感。

从进化的角度来看，求知欲对人类发展大有好处，它帮助人们更好地生存。比如，正是因为拥有求知欲，人们掌握了如何生火，如何理解天气的变化，如何更好地狩猎等，并得以生存、繁衍。现在，人类依然在不断探索新的领域。知识减少了人们内心深处的不确定性。

但是，人类的求知欲也造成不可忽视的负面影响。随着互联网、电脑和智能手机的普及，好奇心和求知欲为人们的自制力带来新的挑战，一些人过度依赖手机，导致生活受到严重影响。

手机固然提供了便利，方便人们随时随地获取信息、学习新知。但是，每当人们打开手机看见一条新信息时，大脑就会分泌一定的多巴胺，于是人们受到激励，点开一条又一条新信息，最终在不同的软件间流连忘返。这使得人们的注意力越来越难以集中。有人总是分心，有事没事总想拿起手机看一看，看他人是否回复了自己的信息，自己刚才发的朋友圈是否有人点赞。甚至有人在开车时因看手机而遭遇车祸。人的注意力每被分散一次，需要多达25分钟的时间才能重新被集中起来，手机的频繁打扰，极大降低了人们工作、学习的效率。

沉迷玩手机使人的睡眠质量下降。很多人晚上睡觉前有刷手机的习惯，结果刷着刷着忘了时间，一不小心就变成后半夜才睡觉。长期熬夜不仅影响人们第二天的工作和学习，也严重影响了人们的身体健康。

沉迷玩手机使人和现实中的人接触得越来越少，越来越缺少同理心。不管是公司开会、与家人相处，还是参加朋友们的线下聚会，总有人禁不住拿起手机，忽略了当下最重要的事情——和周围坐着的活生生的人互动。

人们明明是手机的主人，有时反而被手机所掌控，成了手机的奴隶。在知识管理的路上，手机更是很多人前进时最大的阻碍。那么，如何才能掌控自己的生活，不做手机的奴隶呢？

在《心理动机：激发行动力的底层逻辑》一书中，心理学博士安吉拉·阿霍拉（Angela Ahola）为我们提出了以下 9 点建议：

1. 践行"就远原则"

相较于在空间上离你较远的物品，离你较近的物品会对你的行为产生更大的影响。如果你想减少某种行为，那么请把对应的物品放远些，为自己创造一个"零诱惑"的环境。

比如，在读书时，不要将手机放在身边，可以将它放在隔壁的房间里，让自己远离诱惑。不然，你会总想着玩手机，根本没办法静下心来看书。

2. 监控手机使用情况

你一天要拿起手机看多少次？在手机软件上花多长时间？有些手机有显示每日使用时间的功能，强烈建议你经常看看数据，了解一下自己的手机使用情况。如果存在在某类软件上停留时间过长或频率过高的情况，一定要及时进行调整。

3. 减少不良使用习惯

减少电子产品使用时间的方法有很多。比如，你可以关闭最不重要或者最容易上瘾的软件的消息推送提示，不要让这些提示控制你；平时尽可能地把手机调成静音模式，不让外来电话打乱你的节奏；不要随时查看手机，每天定时定点、一次性处理手机消息会让你的生活更加高效。一开始，你可能不适应，但慢慢地，你会爱上不被手机打扰的生活。

4. 避免一心多用

人们似乎已经习惯了一心多用，同时处理多项任务。比如，一边处理工作，一边刷手机。其实，这并不能带来想象中的高效，反而会让你的大脑更加疲惫。请一次只做一件事，这样才能让任务的完成效果最大化。

5. 手写笔记

在开会或学习的过程中，如果需要记笔记，请用纸和笔来记。科技的进步使人们的学习和工作更加便捷，人们渐渐习惯了打字，有些人甚至因此提笔忘字，但我们也不能特别依赖电子设备。手写笔记会使人更加专注，更快地消化、吸收知识，更多地进行思考。

6. 阅读纸质书

请阅读纸质书，而不是电子书。电子书虽然方便，但是在看书过程中，人特别容易因为手机中的其他应用软件而分神，预想的好好读书最后可能沦为玩了很久手机。

7. 进行正念练习和冥想练习

这是很多大咖推荐过的方法。从本质上来说，冥想是有意识地专注于当下的一种简单练习。冥想不需要人们花费大量时间，也不是在特定情况下才能进行的活动，一旦你能够真正做到享受当下，享受无所事事的过程，便能更好地抵制来自手机的诱惑。

8. 拥抱大自然

就像电子设备不能一直高速运转，需要断电一样，人也要时不时地主动"断电"，远离手机和电脑等电子设备，出去走走，感受一下大自然的美好，这样做能给身心带来别样的能量。

9. 定时开启"飞行模式"

在开车时，你可以启动手机的"飞行模式"，这样就可以避免突然弹出的消息、突然打来的电话打扰你，最重要的是，这样可以保证你的生命安全，助你避开一些安全隐患。

以上方法简单易行，但你需要下定决心，长期坚持。当你脱离了手机的控制，也许能重新掌控自己的生活。

格格读书营的学员邹雪琴就是克服手机上瘾的典范。她在读书营学习时，遇到了一个大问题：时间不够用。她自认为读书比较慢，于是开始早起，用固定的时间晨读，但发现时间仍然不够用。看着群里的小伙伴们都特别有效率，她开始认真寻找原因，时间都去哪儿了？她把每天做的事情和对应所占时间详细记录下来，终于发现了问题所在：玩手机！

每天刷微信、微博、百度等软件占用了她大量的时间。她想更详细地了解手机使用状况，所以在手机里设置"手机健康管理"，监测每天使用手机的情况。一周下来，手机使用统计数据结果吓了她一跳（见图2-2）：她平均每天使用手机的时长竟然达到5小时，仅微信就占用了2小时。毫无疑问，她对手机上瘾了！

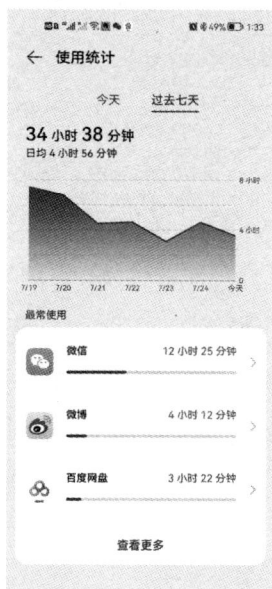

图2-2　邹雪琴手机使用统计数据结果截图

她下定决心放下手机，重新掌控时间和生活，于是，她制定了以下5个策略。

第一，关闭大部分手机软件的消息推送，因为每次推送都使人忍不住拿起手机。

第二，让拿起手机这件事情变得困难。在工作的时候，可以把手机放在另一个房间，晚上睡觉前，使用从网上购买的"手机锁"把手机锁起来。不到设定的时间，"手机锁"无法打开，这帮她克制了刷手机的欲望。

第三，用别的习惯代替刷手机。每次她想刷手机的时候，就刻意提醒自己去干点别的，比如看书、画画、给朋友打电话、写字或跑步。这些事情同样可以促进多巴胺和内啡肽的分泌，而且影响更加正向和持久。

第四，集中处理手机信息。她在每天早上、中午和晚上，各抽出半小时时间，集中处理手机信息。

第五，每周复盘，奖励自己的每一点进步，直到养成科学使用手机的习惯。每天查看手机数据的使用情况，每周进行一次复盘，动态调整计划。

在这样做了一个月以后，效果非常明显。她的睡眠变好了，精力更加充沛了，她有了更多的时间做有意义的事情，最重要的是，她重新找回了对生活的掌控感！

行动时刻

你对手机上瘾了吗？

如果是的话，请列出你的行动计划。

_____

_____

_____

手机只是一个工具，如果我们可以掌控它，生活将更加便捷，但如果我们被它掌控，那生活就会变得一团糟。

当我们拿起手机刷微信、刷微博时，其实只是在吃"多巴胺零食"，它们对我们的成长没有过多的帮助，而且长时间使用手机极大危害了身心健康。最终你会发现，大多数时候，使用手机的时间越长，幸福感反而越低。

少玩一阵儿手机，晚回一阵儿信息，你并不会错过什么。要乐于错过，敢于错过，勇于和错失恐惧症说再见。 远离手机使人可以重新拥抱当下，细看蓝天白云，低头品茶读书。远离手机使人拥有整块不被打扰的时间，也让人们的工作、生活和学习更加高效。

希望大家都可以放下手机，开启更加健康的生活方式，重新掌控自己的生活。

第四节　克服学习平台期，让成长看得见

你会不会因为自己明明很努力做了某事却没有进步而沮丧，甚至想放弃呢？这件事也许是读书，也许是写作，也许是学英语……屡战屡败之后，你开始怀疑自己，给自己贴上了"不行"的标签，变成了一个自卑敏感、对未来不抱信心和希望的人。你放弃的不只是某件事，而是乐观的心态，你开始用躺平的态度迎接你的整个人生。

这些选择放弃的人都有一个共同的特点，就是太过着急。刚学读书，就恨不得一天读完一本书；刚学写作，就想一篇文章赚2000元的稿费；刚学英语，就想立刻和"老外"畅聊……这些都是不切实际的幻想，努力一段时间后，他们发现没什么效果，便果断选择放弃。

每次碰到这些朋友，我都替他们感到可惜。他们并不是不行，

而是太着急了。他们并没有意识到,努力之后没有发生巨大变化其实是一个正常现象,他们可能只是陷入了学习的平台期。人们在学习一件新事物的时候,往往爆发惊人的学习能力,在很短的时间里达到入门水平,并且可以灵活将知识应用于实践;之后,在该领域的水平相对停滞不前,人们的学习欲望也随之降低。

遇到学习平台期是必然

事实的真相是,学习并不是直线上升式的进步,有时也会出现暂时停顿的现象,我们把它称为学习曲线(见图 2-3)。在《认知觉醒》这本书中,作者周岭老师告诉我们,几乎任何学习都是这样的,你在刚开始时处于什么也不会的状态,进步非常快;然后,进步会放缓,进入平台期。在平台期,我们可能付出大量的努力,成绩却看上去毫无起色,甚至退步。

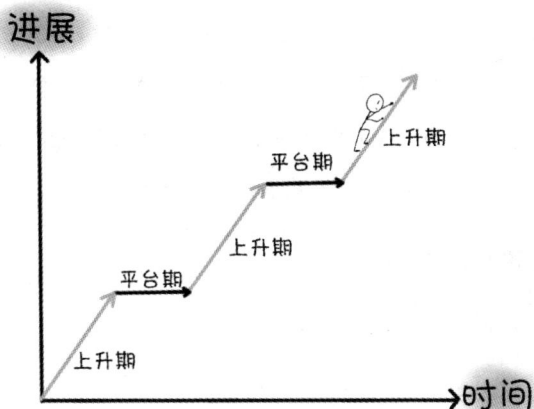

图 2-3 学习曲线

心理学专家通过研究发现,学习者在学习各种知识和技能的过程中，其能力和水平的发展并不是直线上升的，一般要经历以下 4 个阶段。

开始阶段：学习者要了解新事物，熟悉新规律，学习比较费力，这时通常进步得较慢。

迅速提高阶段：学习者在初步掌握了这一领域的知识和技能后，学习成绩明显提高，也因此受到鼓舞，树立了信心，进步神速。

学习高原阶段：由于学习者此时已经掌握了一些知识，剩下的知识多是难点，加之精神、心理等多方面因素的影响，学习者进步的速度放慢。这时，他们的成绩提高得不多，甚至成绩下降，处于停滞状态，到达我们说的平台期。

克服高原阶段：在坚持学习，不断改进探索方法，掌握新的规律或技巧后，学习者的能力、水平重新开始提高。

由此可知，平台期是每个学习者都会遇到的阶段，如果你没有做好心理准备，很可能在停滞不前时便放弃了努力。**因此，不要总是问自己，为什么明明努力了却没有效果。一努力就要看到效果是小孩子才会有的幼稚想法，成年人应该具备耐心。**而且，在学习的路上，你可能多次遇见平台期，要做好充分的思想准备。

度过平台期的 5 种方法

那么，如何才能度过平台期呢？

1. 保持良好心态，警惕急于求成

你要意识到，追求卓越是一个过程，没有人能一步到位，心怀耐心的人可以笑到最后，浅尝辄止者注定无法取得成绩。"10 000 小时理论"告诉我们，一个人经过 10 000 小时的锤炼，才能成为

某个领域的专家。

即使我们并不追求成为专家，但想在某一领域小有成就，也必须要下一番工夫。当初我在学习写作时，也曾经因为没有什么能拿得出手的成绩而想过放弃。但是，一想到"10 000小时理论"，我便问自己"此刻的你，已经锤炼了多长时间呢"，于是又有了坚持下去的力量。

2. 不要太关注结果，向内求才更可控

如果你是一个过于关注外部结果的人，对你来说，平台期简直就像炼狱，它让你感觉受挫，你的动机也将随之逐渐消失。这时，你要放弃向外求，改为向内求，设定一个合理的目标。

比如，视频号兴起后，很多人蜂拥而入。普通人如果过于执着变现，会非常容易放弃。当初，和我一起决心日更视频号的人，已经纷纷选择了退出，只有我还在坚持。一开始，我就没有以变现为最终目的，并不是说我这个人超凡脱俗，而是我明白，如果过于追求外部不可控的因素，则非常容易放弃。我设置了一个向内求的目标，即追求日更××天，这样每坚持一天都是胜利，更容易坚持下去。

3. 多与人交流，补充积极正能量

在你觉得内心太过煎熬、想要放弃时，不要直接放弃，应多与人交流。你可以与老师交流，他会站在更高的视角，给你指导、反馈，提供宝贵的建议，指出你需要优化的地方，帮你明确前行的方向；你也可以与同伴交流，他会给你讲他的亲身经历，给予你温暖的鼓励，让你重新找回前行的力量。

这也是我在线上读书营和短视频讲书营中，让大家结为同桌、组队学习的原因。线上学习想坚持下来并不容易，成年人大多比

较忙，能留给学习的时间并不多，人们非常容易因为忙碌或者觉得作业难而选择放弃。有了同桌，结伴前行，互相喊着对方上课，一起做作业，有问题互相交流、互相鼓励，会让线上学习变得更容易坚持。

4. 傻傻坚持，上天会给你惊喜

我一直特别喜欢一句话，"简单相信，傻傻坚持"。我一直认为自己并不聪明，没什么天赋，因而想要取得成绩，要比一般人更加努力，甚至付出多倍努力才行。当许多同行人开始觉得自己已经努力到位时，我会选择默默坚持，继续努力。

我曾经参加过某个为期一年的写作训练营，被要求每天写1000 字的作文，当时参加训练营的有 1000 多人，最终坚持下来的只有 30 多人，而我正是其中之一。为了感谢老师办这个营对我的帮助，我提出在北京义务为她办一场线下活动，当时我的手里没预算、没场地，也没人帮我，我凭着一腔热血，找了多个免费场地让老师挑选，还成功募集上百件礼物作为活动赞助，最终办了一场让老师和同学都赞不绝口的线下活动。在大家的一片赞扬声中，我意外发现了自己的一大天赋，即组织策划能力超强，这实属意外之喜。

5. 记录成长，让你的进步看得见

最后，再给大家分享一个小工具，即"圆梦计划表"。你可以选择一项个人成长项目，比如读书、跑步、录视频等，将自己每一次努力的时间和进度都记录在表格上。这样的记录，能让自己的努力过程不再抽象，成绩肉眼可见，使人非常容易有成就感。可以说，这是一个可以让你梦想成真的神奇工具。

格格读书营的同学"飞鸟"，就是通过填写、执行"圆梦

计划表"（见图 2-4），实现了日更视频号讲书 160 天的目标。最
开始决定跟我一起日更视频号讲书时，她完全没有信心，担心自
己不能坚持 60 天。于是，我把这个简单好用的神器推荐给她。她
听话照做，用这个表格记录日更视频的时间、内容和心路历程。
没想到的是，在这个表格的助力下，她竟然雷打不动地坚持了下
来，形成了一个习惯。

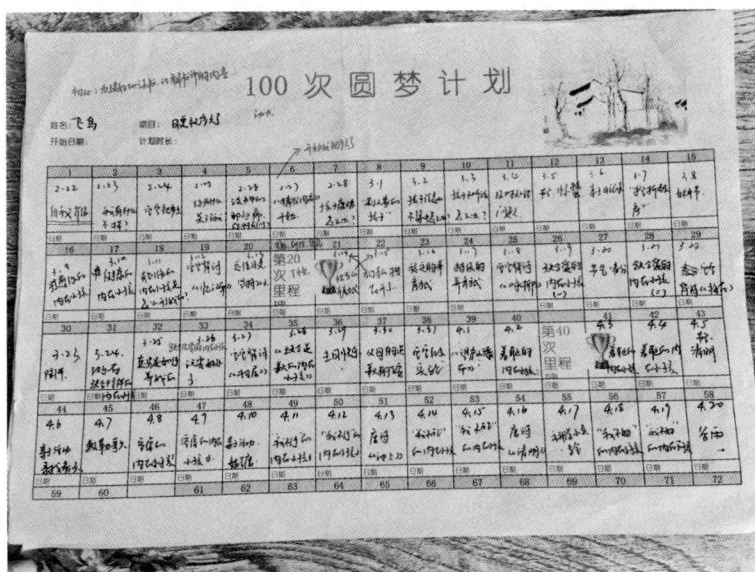

图 2-4　飞鸟的"圆梦计划表"

这个表到底有什么神奇的力量呢？这个表格可以记录 100 天的
事项，但我们可以再以 10 天为一个单位，把 100 天分成 10 个小部
分，也就是以坚持 10 天为一个小目标。达成之后，我们可以开展
复盘、自我奖励等活动。

这样做的好处有很多，首先，这样拆分任务的形式打消了初
学者心头紧张、忐忑的情绪。飞鸟当时就想，即使坚持不了 60 天

甚至 100 天，坚持 20 天总是没有问题的。其次，小目标达成之后的奖励属于及时有效的正反馈。在完成 20 天日更之后，飞鸟奖励给自己一件很喜欢的衣服，这让她的成就感和自信心瞬间爆棚。也正是在这样的动力下，她完成了最初的目标。

这就是圆梦计划表的神奇之处，通过记录每一次的成长，飞鸟获得了成就感和坚持的力量，改掉了以往拖延的毛病，让生活、工作发生肉眼可见的改变。

这让我想到"荷花定律"。据说，在一个荷花池中，第一天绽放的荷花只占很小的一部分，第二天绽放的数量是第一天的 2 倍。之后的每一天，荷花绽放的数量都是前一天的 2 倍。假设到了第 30 天，荷花开满整个池塘，那么请问：在第几天，池塘中的荷花开了一半？很多人以为是第 15 天。错！答案是第 29 天。这就是著名的"荷花定律"，也叫 30 天定律。

荷花定律告诉我们：越到最后，越关键。拼到最后，拼的不是运气和聪明，而是毅力和坚持。胡适有句话说得好：怕什么真理无穷，进一寸有一寸的欢喜。**你一定要努力，但千万别着急，请给自己一个成长的时间**！

本章知识盘点

1. 收获：本章最重要的 3 点收获

收获 1 :＿＿＿＿＿＿＿＿＿＿＿＿＿＿＿＿＿＿

收获 2 :＿＿＿＿＿＿＿＿＿＿＿＿＿＿＿＿＿＿

收获 3 :＿＿＿＿＿＿＿＿＿＿＿＿＿＿＿＿＿＿

2. 金句：本章最打动你的 3 个金句

金句 1 :＿＿＿＿＿＿＿＿＿＿＿＿＿＿＿＿＿＿

金句 2 :＿＿＿＿＿＿＿＿＿＿＿＿＿＿＿＿＿＿

金句 3 :＿＿＿＿＿＿＿＿＿＿＿＿＿＿＿＿＿＿

3. 输出：你将以哪种方式输出本章所学

输出 1 :＿＿＿＿＿＿＿＿＿＿＿＿＿＿＿＿＿＿

输出 2 :＿＿＿＿＿＿＿＿＿＿＿＿＿＿＿＿＿＿

输出 3 :＿＿＿＿＿＿＿＿＿＿＿＿＿＿＿＿＿＿

4. 行动：读完本章，你计划采取什么行动

行动 1 :＿＿＿＿＿＿＿＿＿＿＿＿＿＿＿＿＿＿

行动 2 :＿＿＿＿＿＿＿＿＿＿＿＿＿＿＿＿＿＿

行动 3 :＿＿＿＿＿＿＿＿＿＿＿＿＿＿＿＿＿＿

第三章

知识输入，多元获取显性知识

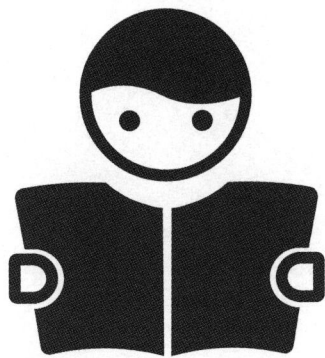

个人知识管理的第二步，即进行知识输入。知识管理领域将知识区分为显性知识和隐性知识。显性知识是指可通过正式语言或媒介传播的知识；隐性知识是指人们内心知道但无法转换成语言的经验性知识。本章所讨论的主要是在受学校正规教育之外的一些获取显性知识的方法。有些人自毕业离开学校就放弃了学习、停止了成长。但是，对于成年人来讲，离开学校，进入社会，才是个人终身成长的开始。

　　常见的输入显性知识的方法包括：高效阅读、听线上课、线下学习和联机式学习。

第一节　高效阅读，每年轻松读 100 本书

鸟欲高飞先振翅，人求上进先读书。在个人知识管理的过程中，有多种输入方式，最常见的输入方式就是读书，这也是公认的性价比最高的学习方式之一。人们在阅读中思考，增添知识的养分，汲取前行的力量。阅读有益于人们获取知识、增长智慧，是传承文化、陶冶情操的重要途径之一。

中国政法大学教授罗翔在《我们为什么要读书》中说过："你越阅读，你越是站在人类知识的巅峰，望尽天涯路，你才会发现我是如此的渺小，我只是看到了知识的惊鸿一瞥，还有那么多的东西我不知道。这样才可以遏制你内心的知识优越感，才能让你真正发自内心地尊重他人，避免狂妄自大。只有非功利性的阅读，才能不断地丰富你的内心，让你抵制外界的浮华、外界的虚荣。"

然而，我在与热爱学习的朋友交流的过程中，发现大家一致认可读书的重要性，却很少有人能高效阅读，原因在于缺乏正确的读书方法。

许多人一提到读书，就说自己没时间。其实，你只要想读书，就一定可以在忙碌的生活中找到属于自己的读书时间。所谓"没时间"，只能说明这件事在你心里不重要。如果没有整块的阅读时间，那么你可以利用碎片时间来读书。俞敏洪老师就非常善于利用大部分碎片时间阅读，在旅途中也会用读书来打发琐碎的时间。

找到读书时间后，你还需要正确的读书方法。经过 10 多年的实践，我总结出了"六大阅读法"，即正常阅读、快速阅读、精细

阅读、主题阅读、复习阅读、暂停阅读。

无数朋友经亲自实践，认为这六大阅读法十分有效，它已经成功帮助许多人实现了每年读完 100 多本书的目标。

那么，该如何运用六大阅读法呢？

和图书"相亲"

到底应使用六大阅读法中的哪一种阅读方法读一本书，并没有固定答案。因为，你是读书的主体，书是为你服务的，你需要结合自己的认知水平判断到底运用哪一种方法最合适。

在运用六大阅读法前，你需要先和一本书"相亲"。就像男生女生在相亲后才做出是否继续和对方交往的决定一样，你也需要在和书"相亲"之后，再判断到底该使用哪一种方法。

那么，该如何相亲呢？

第一，阅读前，先去看一本书的封面、封底、目录、序言。这四个部分，通常包含了一本书的关键信息、逻辑、线索，方便你快速了解它的主要信息。

第二，进行阅读前的评估。你在认真地读完第一章后，可以根据书的内容和行文风格做出决策，即到底该用六大阅读法中的哪一种来读此书。

运用六大阅读法

六大阅读法的具体内容如下（见图 3-1）。

图 3-1 六大阅读法

1. 正常阅读

所谓正常阅读，就是一字一句地阅读，把一本书从头读到尾，这是你我从上学开始就一直在修炼的技能。

如果你读到书的第一章，便觉得自己非常喜欢这本书，那么你可以用正常阅读法。在正常阅读时，你可以放任自己，沉浸于书海之中，享受读书带给你的快乐。

比如，有些人读季羡林先生的散文，特别认同作者的观点，一个字也舍不得放过，此时就适合采用正常阅读法。

小说、散文、诗歌比较适合用正常阅读法。这时，请放下你的功利之心，充分沉浸于心流之中，享受做"无用之事"的美好。

2. 快速阅读

所谓快速阅读，即用快进的方式读书，就像追剧的倍速观看一样。快速阅读让你觉得非常过瘾，充满阅读的成就感。

若使用该方法，你最快可以 30 分钟读完一本书。如果你此前从未接触过快速阅读，那么在第一次尝试时，大概会用 2 小时读完一本书。

这么神奇的快速阅读法，适用于所有的书吗？并不是。快速阅读法只适用于"实用类图书"，即讲方法论的书，比如《如何阅读一本书》《时间管理 7 堂课》等，这是由这类书的行文结构所决定的。

◆ 案例　3 步解锁快速阅读

那么，如何进行快速阅读呢？

快速阅读法，听起来很神奇，其实人人皆可掌握，它只需要 3 步。

第一步：感兴趣，锁定目标

在快速阅读时，你要先看目录，这是很多人在读书时会忽略的地方。通过目录，你可以明确自己重点想读书的哪一章。凡是感兴趣的章节，你可以用笔在目录处做上标记，再重点阅读。

我写的《榨书》共包括 8 章：阅读力、逻辑力、表达力、影响力、链接力、自信力、践行力、复盘力。有人觉得自己在阅读力方面存在不足，便会重点看这一章；而其他章节，比如表达力，是他比较擅长的，所以他在读该章时，只需要浏览一下即可。

第二步：快速过，直击重点

在锁定感兴趣的章节后，你需要进行重点阅读。

实用类图书通常采用"金字塔结构"写成，所以重点的位置非常明确。

通常，文章的重点在以下几个位置。

每章的开头 / 结尾：这是必看的本章重点。

每段的开头 / 结尾：作者通常会在此处概括本段的内容。

除此之外，在一些书中，可能还有以下重点：

图表：有的书会用表格、图片的形式标注重点，比如《认知驱动》。

粗体字：有的书会将重点用粗体字标注出来，比如《认知觉醒》。

本章总结：有的书在每章的结尾处会有本章总结，比如《无限可能》。

以上就是快速阅读时你需要阅读的重点之处，这些位置都是书中精华所在。

同时请注意，在快速阅读时，要以书中的"小标题"为线索。在对小标题感兴趣的情况下，才需要读所谓的重点内容；如果没有兴趣，你可以直接看下小标题，了解大意即可。

第三步：看书评，查漏补缺

很多人在快速阅读时会担心遗漏某些重点。别担心，在读完一本书后，你可以去豆瓣搜索这本书的书名，查看关于这本书的书评。

豆瓣类似图书界的大众点评，网站上面是众多书友对书的真实评价，每本书的书评都是按书友的点赞数进行排序的。你在豆瓣上搜索到某书后，可以直接查看该书名下排名前三的优秀书评，它们可以辅助你巩固重点。

最后强调一下，快速阅读虽然有神奇的效果，能让人成就感爆棚，但快速阅读只是一项技能。凡是技能，比如开车、游泳、写作等，都需要一个刻意练习的过程。你需要经过刻意练习，才能真正掌握这项技能。在你还没能 30 分钟读完一本书前，请给自己一个成长的过程。切记！一定要努力，但千万别心急。

3. 精细阅读

所谓精细阅读，就是逐字阅读，反复品味。你非常喜欢的经典好书，需要非常认真、一字一句地读，并且一边读一边思考，也可以做笔记或批注。好书值得你读 10 遍以上。

坚持阅读经典，与人类伟大的灵魂对话，可以帮我们走出平庸与傲慢。比如，我特别喜欢稻盛和夫的一本书《心：稻盛和夫的一生嘱托》，在读这本书时，我与作者的思想产生了强烈的共鸣，尤其是他说的那句"一切成功都归结于利他之心"打动了我。我已经把这本书反复读了 10 遍以上。创业路上，每当遇见困难、感到迷茫之时，我都能从这本书中汲取能量。

你可以列一份属于你自己的经典书单，每年读一遍。这些书常读常新，会给你持续的灵感和无穷的能量。

4. 主题阅读

所谓主题阅读，就是围绕某个主题进行阅读。这是一种常用的用于解锁某一领域知识的学习方法。主题阅读，既能帮新手解锁该领域的基本知识，也能帮一个人成为某个领域的高手。

比如，稻盛和夫作为日本"经营之圣"，创立了两家世界 500 强公司，如果你对他的经营哲学非常感兴趣，你可以搜集与他相关的图书，进行主题阅读。在豆瓣上输入"稻盛和夫"搜索，你会发现有数十本与他相关的书。你可以结合个人兴趣和豆瓣图书评分，选择自己感兴趣的书阅读。比如，我个人在筛选后选择了以下图书，有《活法》《干法》《斗魂》《六项精进》《经营为什么需要哲学》《经营十二条》《心：稻盛和夫的一生嘱托》等。通过这样的主题阅读，我可以对稻盛和夫有一个更加全面的了解，从而深入理解稻盛经营哲学。

当然，如果你身边就有某个领域的高手，那你可以直接向他请教，让他帮忙推荐一些书。

5. 复习阅读

所谓复习阅读，就是当你读完一本书后，不要立即把书收入书柜、束之高阁，而应该先复习书的主要内容，即你所记的读书笔记后，再将书收入书柜。

很多人希望读完一本书就可以记住书的所有内容。但是，遗忘是不可避免的，谁也不可能读完一遍就记住书的所有内容。因此，读书后要及时复习，以应对读完就忘的问题。

6. 暂停阅读

所谓暂停阅读，就是在读一本书时，你如果实在觉得吃力、读不下去，可以先把书放一阵再读。

为什么暂停阅读呢？因为这本书的知识范围可能远远超出你现有的认知水平。但过了一段时间，当你的认知得到提升、理解力得到提升之后，再来读这本书，你可能就会产生强烈的共鸣。

比如，对于管理类书籍，有些朋友反馈，虽然他们仰慕作者的才华，也很有兴趣，但在读此类书时觉得十分吃力。其实，这可能是由于你本身缺乏管理经验，因而有些理解不透这类书——这很正常。此时，你无须勉强，干脆放过自己，暂停阅读。来日等你站在人生的更高处时，再读此书，也许会有茅塞顿开之感。

一个朋友曾经问查理·芒格（Charlie Munger）："如果感受不到阅读本书的喜悦，该怎么办呢？"他得到了芒格式的回答："没关系，请把这本书赠给更有智慧的人。"

暂停阅读之后，你完全不用自责，那只能说明你和某本书的缘分未到。待机缘来时，也许它会变成一本可以点醒你的超级好书。

以上就是六大阅读法。灵活运用六大阅读法，能帮你每年轻松读完 100 本书。

格格读书营的同学王小鑫做的是 IT 项目管理工作，她上班可以自由支配的时间特别少，下班又要带娃，她一直羡慕那些每天读书的人。她喜欢买书，结果却是买书如山倒，读书如抽丝，一年下来，她也读不了几本书。每次看到一堆还没有拆封的书籍被束之高阁，她就会自责、失去信心。后来在我的指导下，她解锁了六大阅读法，养成了阅读的习惯。最终，她在忙碌的生活中找到了可以支配的时间，即利用通勤时间阅读。每当上了地铁，她就第一时间拿出一本书来读，既高效又省时。2021 年，她读了 100 本书，这对她来说是质的飞跃！她也因此成为朋友们心中的"读书达人"。

这就是六大阅读法的神奇力量。

行动时刻

请写下你的年度读书计划。

包括：读书的数量、内容、方向、时间、地点等。

_____

_____

_____

_____

陈平原说过："如果过了若干年，你半夜醒来发现自己已经好长时间没读书，而且没有任何负罪感的时候，你就必须知道，你已经堕落了。不是说书本本身特别了不起，而是读书这个行为意味着你没有完全认同这个现世和现实，你还有追求，还在奋斗，你还有不满，你还在寻找另一种可能性、另一种生活方式。说到底，读书是一种精神生活。"

我们因为无知而读书，而读书让我们更加觉得自己无知。在不断读书、打破无知的过程中，我们获得了一种只有读书人才懂的隐秘的快乐。

第二节 听线上课，让学习成为一种生活方式

甘地（Gandhi）说："活着，如同生命中最后一天般活着。学习，如同你会永远活着般学习。"

互联网为我们提供了丰富的教育资源，我们可以利用电脑、手机或平板电脑随时听线上课，及时充电、学习新知识。"终身学习"不再是一个名词，丰富的网络教育资源，让学习成为一种生活方式。

网络上的学习资源非常多，有免费学习资源和付费学习资源。

网上免费教育资源的质量参差不齐，让人眼花缭乱。这里，我将给大家推荐几个口碑较好的免费教育资源站点。

免费教育资源站点

1. 中国大学 MOOC（慕课）

中国大学 MOOC（慕课）为高教社"爱课程网"和网易合作

建设而成，目前联合了北京大学、复旦大学等众多知名高校。该网站有 600 多门课程，涵盖的领域非常多，每一门课的质量都非常高，而且资源全部免费。

2. Coursera

Coursera 由美国斯坦福大学两名计算机科学教授创办，是国外在线教育产品中对中文的支持程度最高的产品之一，许多课程都提供中英文字幕，而且大部分资源是免费的。

3. edX

edX 为麻省理工大学和哈佛大学联手创建的大规模开放在线课堂平台，平台上除了有国外课程，还有与国内顶尖高校联合制作的课程。

4. 网易公开课

网易推出了"全球名校视频公开课项目"，用户可以在该平台免费观看来自哈佛大学等世界级名校的公开课，课程内容涵盖人文、社会、艺术、科学、金融等领域。

5. 网易云课堂

网易云课堂为网易公司打造的在线实用技能学习平台，为学习者提供近万门优质的课程，用户可以根据自身的学习程度自主安排学习进度。课程内容以实用技能为主，兼顾高等教育和职业应用。

6. 可汗学院

可汗学院是由美国人萨尔曼·可汗（Salman Khan）创立的一家教育性非营利组织，旨在利用网络进行免费授课，向世界各地的人提供免费的高品质教育资源。现平台已有关于数学、历史、金融、物理、化学、生物、天文学等科目的内容。

7. TED

TED 是美国的一家机构。这里有非常多的演讲视频，各行业顶尖人士在这里进行关于技术、社会、人的思考和探索的演讲，其主旨就是"Ideas worth spreading"（让思想长上翅膀）。演讲资源全部免费，且所有演讲都自带字幕，可以让你了解更大的世界。

8. 中国国家图书馆 / 中国数字图书馆

在教育资源中，书籍资源必不可少。在这个网站中，你可以找到书籍、论文、报刊，甚至古籍、乐曲、影视等资源。

9. B 站（哔哩哔哩）

B 站并不只是一个适合年轻人的二次元网站，还是一个绝佳的学习平台。在 B 站，你可以用关键词搜索相关课程视频，如输入"日语学习"，便可以找到很多相关的优质学习资源。

除了免费学习资源，还有许多付费学习资源。提起付费学习资源，就不得不提自 2016 年兴起的知识付费。2016 年被称为"知识付费元年"。随着"得到""知乎 Live""分答""喜马拉雅""樊登读书"等知识付费类产品的出现，知识付费成为一种重要的发展趋势。人们对高质量信息的需求越来越高，移动支付技术的普及，以及人们为内容消费的观念逐渐养成，也使知识付费渐渐被大家接受和喜爱。

线上学习注意事项

面对众多知识付费平台和多如繁星的知识付费产品，有些人因学习而受益，升职加薪，甚至改写人生，有些人则变得更加焦虑、迷茫。作为最早一批知识付费学习者，我将结合自身经验，给大家提 3 点建议。

1. 选择适合你的线上学习方式

在各大线上知识付费学习平台上，主要有以下 5 大学习方式（见图 3-2）。

图 3-2　5 大线上学习方式

音频课： 将产品以音频形式交付，代表平台有得到、喜马拉雅等。用户通常可以一边忙自己的事一边听课，比如走路、跑步、开车、健身、做家务时，充分利用碎片时间听课。不过，这样虽然节约了时间，但如果课程的节数太多，人们很难坚持听完。而且，根据"学习金字塔"理论，如果你只听课，那么知识的留存率最低，只有 5%。通常，你在听课时获得感很强，听完后记住的知识并不多，学习效率较低。

视频课： 将产品以视频形式交付，主讲人出镜录视频，通常还会做 PPT。在用这种方式学习时，你需要全神投入。如果你再顺手根据 PPT 记下笔记，学习效果会更好。代表平台有樊登读书、混沌学园等。

直播课：直播讲课会有现场互动，学员的参与度更强，学习效果也更佳。直播课通常可以回放，方便巩固复习。我自己就经常通过直播讲书。直播时，主播还可以通过抽奖激发大家学习的积极性。

线上训练营：课程以音频、视频或群内语音分享的形式进行，辅以作业、点评和答疑的服务。这种形式目前广受欢迎，因为线上训练营不仅提供课程，还通过社群提供陪伴、鼓励和督促。我的格格读书营、短视频讲书营，都是用这种形式进行的。尤其是短视频讲书营，很多人通过这种形式完成了讲书 100 天的日更视频挑战。

线上社群：通常以半年或一整年为期，对用户进行长期陪伴。社群会提供课程、作业等服务，相对于线上训练营，它的服务周期更长。对于用户来讲，相当于打包买了半年或一年的课，价格通常更优惠。但由于时间较长，很多人坚持不下来，社群热度会渐渐下降，这也是很多运营人员面临的一大问题。

面对不同的学习方式，你需要充分结合自身情况，选择适合自己的方式。有一种流行的学习风格分类模型叫 VARK 量表，它把学习风格分为四种：视觉（Visual）、听觉（Aural）、读写（Read/write）和动手实践（Kinesthetic）。如果你是视觉型的，你可能喜欢用看图片的方式学习；听觉型的人可能更愿意听老师讲；读写型的人爱用读书和记笔记的方法；动手实践型的人则最爱做实验和演示。

比如我，最开始入手的是音频课，结果发现听完之后，基本没记住什么知识，白白浪费了金钱和时间。于是，我选择用"视频课"学习，发现视频课更有老师当堂讲课的感觉，更加适合我。至于直播课，我平时创业比较忙，基本很少参加，都是听回放。而线上训练营，如果不做作业基本等于浪费学费，针对一些刚需、需要深入掌握的课程，我才会以这种方式学习。线上社群需要的时间成本更高，一般不建议参加，除非是一些刚需课程。毕竟，当某项学习长期占据你的注意力时，你可能无暇顾及其他，从而可能错过更加宝贵的机会。

2. 不要高估你的学习能力，贪多嚼不烂

现在，知识付费产品多如牛毛，商家为了营销，不停地"贩卖焦虑"。激烈竞争之下，许多商家推出了相当便宜的产品，比如1元入门课，吸引你报名。

人们不知不觉就购买了许多课，成为"囤课一族"。其实，买了之后可能根本听不过来，甚至有的人买过课之后都找不到听课入口，非常焦虑。

购买太多课程的人，通常高估了自己的学习能力，最终陷入贪多嚼不烂的困境。建议你在买课时，不仅要考虑课程的金钱成本，更要充分考虑你的学习能力，评估你能为此付出多少时间、投入多少精力。合理评估后，再购买课程、进行学习。

格格读书营的黎荣珊同学，是一名空间整理职业培训师，她戏称自己曾经患上了一种叫"知识松鼠囤积症"的病。她因为内心焦虑不断囤积知识，但只囤不用，就像松鼠喜欢囤积食物，可是囤完之后就忘了放在哪里。后来，她进行了知识大整理，不再贪多，开始给学习做减法。她从以往学习过的方法、技能中，挑选出自己最擅长、最喜欢的领域深入学习，把其他的兴趣爱好和周边领域的内容梳理出来，以确定学习的优先级别。如果一些知识和她当下的学习相冲突，她就进行"断舍离"，不听、不想、不惦记，不给自己任何负担，让精力只聚焦于主要的事情上，这样反而让她更加轻松自在。当内心的焦虑减少时，学习变成了一件幸福快乐的事情，她也因此收获了安定的力量，稳步前进。

3. 找到适合自己的学习节奏

成年人通常很忙碌，上班要努力工作，回家要做家务、带孩子、照顾老人，还要抽出时间学习。这时，找到适合自己的学习节奏就非常重要。在找到适合自己的学习方式和课程之后，要把学习一事安排进你的日程表里。不管是什么课程，你都需要投入时间和精力，让知识付费真的产生效果。

建议你守住属于自己的时间，每天固定抽出半小时到一小时用于个人学习成长。每个人的情况不同，这个时间可以是清晨、上午、中午、下午或晚上。慢慢地，在不断成长中，你会发现内心涌现一种精神充实后的愉悦之感，你本身的心态也跟着活跃起来，每一天都元气满满。

格格读书营的代江健同学就是一位充分利用网络资源的终身学习者。她说，她的爱好就是"学习"。退休前，她是一位教师，在职期间曾自学 10 年，逐渐修完了汉语言文学专业，获得大专学历。临退休前，她考取了营养师和化妆师的资格证书。退休之后，她又考取了心理咨询师的资格证书。自从她学习了心理学，一连串的惊喜不期而至：她不仅对自己的认识越来越清晰了，还得到了西南地区一家大医院的临床心理治疗实习机会；结束实习之后，她在本地中小学心理健康热线工作，并服务至今，始终践行自助、助人的理念。这期间，她利用网络学习心理专业知识的习惯从未间断，她知道，只有持续学习，自己才能对心理疏导工作游刃有余。她以 70 岁的年龄加入我的训练营，并且连续学了三期，成为大家眼中名副其实的"学霸"学姐。在学习的过程中，有难度、有挑战，更有收获，她一直非常享受认知进化之旅。她说："学习这条路，走下去，就对了！"

行动时刻

请问你的日常学习节奏是什么样的？需要进行哪些优化？

_____

_____

_____

网络免费学习资源和付费学习资源如今已非常丰富，学习不再是一件难事。当学习成为你的生活方式，你会发现生命变得无比美妙。**学习的过程是快乐的，学习使人在面对世界时，一下子有了充足的底气。你越强，你的选择就越多，这时候，不再是生活掌控着你去为柴米油盐奋斗，而是你在掌控着生活。**能终身学习的你，将拥有更多选择的权利。请找到适合你的学习节奏，坚持下去，相信终有一天，你将收获一个充满惊喜的人生。

第三节　线下学习，感受场域的强大力量

伴随着知识付费的兴起，线下学习也发展壮大，学习型社交悄悄兴起。同学，不再只是指传统意义上在校园里共同学习的同窗。现在，凡是同在一个学习平台中的人，都可以被亲切地称为"同学"。

如果说线上学习像在一片浩瀚的海洋里遨游，那线下学习则像在一座座山间徒步，虽然过程辛苦，但是沿途风景宜人。线下学习的成本更高，你不仅需要抽出整块的时间，还需要花时间在往返的路上；往返学习场地每跑一次，对体力和精力都是消耗；你的支出也可能更多，从几十元一次的线下活动，到成千甚至上万元一天的线下课，各种课的收费情况不等。

线上教育资源如今已非常丰富，让人觉得多到根本学不完。那么，为什么还有人愿意费时、费力、费钱地参加线下学习呢？

在《好好学习：个人知识管理精进指南》这本书中，作者成甲曾经提到，如果某个他很喜欢的专家谈论了他关心的话题，即使明知过一段时间会有便宜的或者免费的电子版课程，他也愿意花钱去现场。因为，要了解对自己有价值的人和观点，现场感以及获取信息的速度都很重要。

线下学习独特优势

知识并不稀缺，但撬动人们内心的场域的力量是无价的。人们之所以愿意参加线下学习，是因为线下提供了一个独特的场域。这个场域能为你赋能，促使你采取行动，产生神奇的改变，这是线上学习所无法替代的独特优势。

1.线下学习效果更好

听线上课时，人们通常很难长期保持专注。一个人长期独自对着电脑坚持学习，并不是一件容易的事。你可能会被外界的突发事件打断，或者觉得坐不住，想要玩手机、吃零食。

而在听线下课时，老师在前面认真讲课，同学们在你周围认真听课、记笔记，这就自动形成了一个专心学习的场域。在线下学习中，你还可以当面向老师请教，不带着疑问过夜。

线下学习，还会带来不同的情绪体验。情绪是调料，赋予理性认知不同的口感。线下学习除了涉及理性、逻辑信息，还涉及大量感性的"知识外的信息"，比如周围人的喜怒哀乐，这些情绪信息常常比理性的知识更有价值。例如，我曾经听一位坐在轮椅上的同学的现场分享，她的很多话给我留下了深刻的印象，但真正打动我的，是她的每一个动作、每一个表情都充满倔强而自信，这些情绪体验也无形间强化了我的学习效果。

2.优秀同学互相赋能

线下学习时，你不仅可以当面向老师请教，还可以近距离向优秀的同学们学习。

愿意付费参加线下学习的人，通常是来自不同领域的积极上进的精英。而且，往往课程的费用越高，参加培训课程的同学素质越高。看到这些同学的优异表现，了解他们的经历，本身就能打开你的眼界，让你看到人生的多种可能。

当各个领域优秀的人聚在一起，共同学习或进行小组讨论时，你们彼此间的交流互动也会帮你获得新知，碰撞出思想的火花，激发你的灵感，促使你做出改变。而且，也许他们还能帮你连接资源、带来合作机会。大家聚在一起，彼此照亮、互相赋能。

经济学家周其仁曾说："很多时候，重要的不是知识，而是切身感受到的力量，靠近厉害的人，你就会慢慢变得厉害，没想法也会变得有想法，小想法会变成大想法。"

常见线下学习形式

那么，现在有哪些常见的线下学习形式呢？

1. 公司内部培训

如果你所在的公司非常重视学习，定期组织各种培训，那么你真该感到幸运，不是所有的职场人士都有这样的待遇。如果你身在这样的公司，拥有这样的福利，千万不要错过机会。

2. 同城线下活动

如果你所在的公司没有内部培训，你也不必沮丧，你可以自己寻找同城的线下活动并参加。线下活动一般都在工作日晚上或者周末进行。只要你去网络上搜索一下，就会发现各种学习型线下活动，比如读书类、演讲类，等等。建议你挑选适合自己、离自己较近的优质活动，定期参加，丰富自己。当年我的线下学习之路，就是从参加线下读书会开始的。

格格读书会的学霸吴阿姨是很多人的榜样。73 岁的吴阿姨创业非常忙碌，但依然热爱学习，经常来读书会参加活动。她有一句话经常挂在嘴边，她说"学习是一种生活方式"。她身上奋斗不息、学习不止的精神深深感染了大家。

3. 同城线下学习

条件允许的话，你也可以选择合适的课程，参加线下学习。线下学习一般在周末进行，短期的可能为 1 ～ 2 天。你也可以阶段性利用几个月时间考取某个证书，或利用两年左右的时间读完研究生课程。

现在，知识付费平台为了提高用户满意度，同时提升平台营收，非常注重线下学习项目。比如，"得到"App 就有"得到高研院"。该课程的目标受众为高端用户，人们通过线上、线下相结合的方式学习。这种课程费用门槛高，被录入的同学通常为通过面试审核的各界精英，再加上几个月的学习时间较短，满足了高端同学知识升级和连接、深化人际关系的需求，受到不少学习爱好者的欢迎。

4. 异地线下学习

如果说愿意参加同城线下学习的人是学霸，那么愿意参加异地线下学习的人都是超级学霸。去异地学习，无论在时间、体力还是费用上，都需要支付更高的成本。时间上，你不仅需要付出学习的时间，还需要耗费在路上往返的时间，上班族还需要额外请假；体力上，单是往返一趟对体力的耗损，也需要好好休息才能恢复精力；费用上，你需要支付高额的学费（这种课的学费一般在 1 万元左右），还需要支付往返住宿费、交通费等。

之前，对大老远从家乡跑到外地只为进行为期 1 ~ 2 天的线下学习的行为，我不太理解。在切实体验到线下学习的好处后，我也成为一名奔波于全国各地的"追课族"。我在云南、苏州、上海、武汉等地都留下了学习的身影。

格格读书营的"童掌柜"是线下学习的忠实拥趸。作为一位身在北京、专注于中式酒馆品牌的创业者，他本身的工作就非常忙，但是他说，越忙碌反而让他越渴望参加线下学习。他长途跋涉，到处学习。通过线下学习，他可以保持专注，将身心沉浸当下。线下学习过程中存在不同的角色，例如老师、同学和榜样，不同角色若同时出现于一个场合，会带来知识的汇集与观点的碰撞，这也能冲击童掌柜已有的知识结构，帮他取长补短。这时，不仅他所需要的知识触动了他，整个场域的物和人都在影响他，促进知识的输入。在线下学习时，他通常一边学习思考，一边练习，融会贯通。他借着线下学习的机会与他人进行深度且高频的互动，在输出中倒逼输入，并在及时加工所学知识之后立刻输出。在输出不同的观点时，他也可以与他人碰撞出新的思想火花。以上都是他所体验到的线下学习所特有的乐趣。

5. 旅行增长见识

读万卷书，行万里路。现在，旅行不再是一件奢侈的事情。每年各种法定假期以及公司的年假，都是为了鼓励大家参与同城游、跨省游、出境游。

读书是静态的，行路是动态的，书中知识有限，只有行路、眼观、耳识才能弥补其不足。靠"行路"学习的传统古已有之：孔子通过周游列国印证所学，李时珍、徐霞客、马可·波罗（Marco Polo）、达尔文（Darwin）、哥伦布（Colombo）都是靠"行路"，写出宏伟巨著，取得重大发现。通过旅行，人们可以打开眼界、增长见识，获得书籍和课程无法给予的独特体验。

行动时刻

请写出你现在所采取的线下学习方式。

如果你之前忽略了线下学习，那么请找到适合你的学习方式，行动起来！

_____

_____

_____

　　线下学习的成本通常更高，你要有为学习投资的意识。比如，当年华为向 IBM[①] 学习时，一个小时的顾问咨询费就超过了任正非一个月的工资，但任正非还是决定投入学习。再比如，华为大学每门课 2 万元，学员需要自掏腰包，但也挡不住员工们的学习热情。投资知识，得益最多。有些人可能舍不得在学习上投资自己，宁愿为了省钱去自学，这样反而浪费了时间，错过了绝好机会。

　　那些积极参与线下学习的人，尝到了投资线下学习的种种甜头，因此投入其中，乐此不疲。而且，那些学习高手们，通常线上、线下学习同时进行。线上学习方便快捷，线下学习体验好、效率高，二者互为补充。

　　生财有术创始人亦仁说过一段话，我非常认同。

　　"我出去学习，目标往往是希望坚定我的一个想法，通过看别人的成功案例，和有结果的人交流，我会意识到：这件事情其实没那么难。一旦突破了这层心理障碍，我就会勇敢去做，而结果往往都是这样做出来的。"

第四节　善用网络，进行联机式学习

　　现在，我们没有必要死记硬背，把所有的知识都装进脑子里。学会善用网络进行联机式学习，就相当于拥有了第二大脑，你将拥有强大的学习能力。特别是在手机的协助下，你可以随时随地

---

① IBM 全球企业咨询服务部（IBM Global Business Services），为全球最大的管理咨询组织之一。——编者注

利用网络，获取你想了解的信息。

之前，我一直以为，用网络搜索所需要的知识是人人都知道的方法。后来，我惊讶地发现，很多人缺乏基本的网络思维。很多时候只要轻轻搜索一下就能轻松解决的事，人们偏偏要当"伸手党"。

在《高效学习7堂课》这本书中，作者秋叶提出，所谓"网络思维"，就是在你遇到问题的时候，先去网络上搜索答案。遇到不懂的问题，高手的第一反应是看看在网上能否找到有用的信息。如果在网上找不到，他们再考虑请教网络上的高手，最后请教现实中的牛人。这是成本最低也是效率最高的路径。

格格读书营的同学于金萍就非常具有网络思维。当时，我鼓励大家开通多个平台写作并对外发布。我以为，开通各个平台是非常简单的操作，大家都可以轻松搞定。没想到，有些同学不知道如何操作，就在微信群里提问求助，提出了应如何开通个人微信公众号等问题，他们觉得太过复杂、无从下手。她看到大家的求助信息之后，直接在网上搜索了一篇相关的文章，发到群里分享给大家。这篇文章图文并茂、步骤清晰地介绍了如何开通公众号，轻松帮大家解决了问题。而她做的，不过是动动手指、搜索一下，再将适合的文章链接发到群里。

那么，要如何用网络进行联机式学习呢？

1. 巧用网络知识库

某种意义上，互联网为我们每个普通人都提供了一个免费的知识库。这里我主要推荐以下6种。

- **维基百科**。维基百科总部位于美国，是一个用多种语言编写而成的网络百科全书。它是全球网络上最大且最受大众欢迎的参考工具书，名列全球十大最受欢迎的网站之一。维基百科是网络百科全书，能帮你从多个维度对一个概念进行解读。

- **谷歌学术**。谷歌学术是一个可以免费搜索学术文章的网络应用。该网站包括世界上绝大部分已出版的学术期刊。谷歌学术搜索可以帮助你在整个学术领域中确定相关性最强的研究。目前，大量前沿学术研究都是英文论文，要想了解处于世界前沿的研究现状，谷歌学术是较好的工具之一。

- **百度学术**。百度学术搜索是百度旗下的中英文文献检索学术资源搜索平台，于 2014 年 6 月初上线。该网站涵盖各类学术期刊、会议论文，旨在为国内外学者提供最好的科研体验。百度学术可以检索到收费和免费的学术论文，你可以通过多项细化指标提高检索的精准性。

- **中国知网**。网站涵盖国内绝大多数中文期刊论文，能满足一般性的学术研究需求。

- **知乎**。如果你觉得以上知识内容太过学术，那可以选择更加通俗易懂的平台——知乎。知乎是一个网络问答平台，是一个非常好的知识获取处，上面有不少大神级人物分享专业、全面的知识。你可以把知乎当作搜索平台去找答案。

- **微信公众号**。不少学术机构、做出成绩的牛人，都通过公众号发布文章。你可以根据自己的需求，关注你感兴趣的账号，获得高质量知识。

2. 学会用工具进行关键词搜索

联机能力强的人，总是很容易找到自己需要的结果。而很多人之所以不擅长使用搜索功能,并不是因为搜索引擎没有效果,而是不知道怎样搜索才能找到自己想要的结果。

在遇到问题时,我们用"百度"搜索可以找到答案。所谓"百度一下,你就知道"。我们有时像猎人一样,披荆斩棘,四处寻找,对每一棵灌木都查看一番,但找到的东西经常不是自己真正所需要的。下文将分享几个简单、实用的搜索小技巧。

(1)**关键词检索**。很多人采取口语化搜索方式,直接把想提的问题敲进搜索栏,其实正确的方法是使用关键词进行搜索。比如,你想问的是"如何构建知识体系",这时,你应该输入"构建""知识体系"这两个关键词。

(2)**精准检索**。通常我们打开搜索引擎,输入一个搜索词后,会发现很多的无关信息,如广告、新闻等。这时,如果我们将关键词,如"知识体系",用英文半角的双引号引起来,再搜索一下,会发现更准确的检索结果,这一操作能除去大部分的无关信息。

(3)**档案文件检索**。如果你只是想要相关的文件,怎么搜索?在关键词后输入英文":",接着输入想要的文件类型。比如,需要工作总结的 PPT 文件,你可以在搜索框中输入"工作总结 :pptx",其他文档,如 PDF、DOC、TXT 等,依此类推即可。

(4)**组合条件检索**。如果你想看药房的年报,将两个及以上的关键词用"+"(英文加号)连接起来即可,即搜索"药房 + 年报"。

(5)**标题检索**。如果你想找"格格读书会"话题下的文章,可用"intitle: 格格读书会"搜索,即可得到所有以"格格读书会"为标题关键词的文章。

用对关键词，才能得到想要的结果。绝大部分令你疑惑的问题，在网上都能找到答案。比如，很多书友就是通过搜索"北京""读书会"这样的关键词，了解到北京有一家读书会叫"格格读书会"，他们在网上联系到我并参加活动。有些人甚至说，他们每隔一段时间就去网络上用关键词进行搜索，只为找到心仪的读书会，以便定期参加活动。

行动时刻

请试用以上方法，百度搜索某个问题并找到答案。

_____

_____

_____

当然，这也从另外一个方面提示我们，若你是某个信息或服务的提供者，你需要在互联网上留下你的信息，以便让有需求的人通过搜索关键词找到你。

之前，我不太注重网络上的宣传。受此启发，我在网络上创建了有关自己的一系列百科词条，包括：混北读书会（格格读书会的前身）、格格读书会、格格读书营、榨书、格格。当然，如果你进一步搜索，还会发现很多相关信息，包括学员们的作业、热心读者主动写的《榨书》书评、与我相关的新闻报道等。

在互联网时代，我们不仅要学习知识，还要学习正确的方法，打开学习的思路，培养自学能力。**善用网络，进行联机式学习，能将你的学习能力放大 100 倍，有效提高你的工作和学习效率。**网络是时代赐予我们的礼物，千万不要浪费了。

本章知识盘点

1. 收获：本章最重要的 3 点收获

收获 1：＿＿＿＿＿＿＿＿＿＿＿＿＿＿＿＿＿＿＿＿

收获 2：＿＿＿＿＿＿＿＿＿＿＿＿＿＿＿＿＿＿＿＿

收获 3：＿＿＿＿＿＿＿＿＿＿＿＿＿＿＿＿＿＿＿＿

2. 金句：本章最打动你的 3 个金句

金句 1：＿＿＿＿＿＿＿＿＿＿＿＿＿＿＿＿＿＿＿＿

金句 2：＿＿＿＿＿＿＿＿＿＿＿＿＿＿＿＿＿＿＿＿

金句 3：＿＿＿＿＿＿＿＿＿＿＿＿＿＿＿＿＿＿＿＿

3. 输出：你将以哪种方式输出本章所学

输出 1：＿＿＿＿＿＿＿＿＿＿＿＿＿＿＿＿＿＿＿＿

输出 2：＿＿＿＿＿＿＿＿＿＿＿＿＿＿＿＿＿＿＿＿

输出 3：＿＿＿＿＿＿＿＿＿＿＿＿＿＿＿＿＿＿＿＿

4. 行动：读完本章，你计划采取什么行动

行动 1：＿＿＿＿＿＿＿＿＿＿＿＿＿＿＿＿＿＿＿＿

行动 2：＿＿＿＿＿＿＿＿＿＿＿＿＿＿＿＿＿＿＿＿

行动 3：＿＿＿＿＿＿＿＿＿＿＿＿＿＿＿＿＿＿＿＿

第四章

知识获取，充分挖掘隐性知识

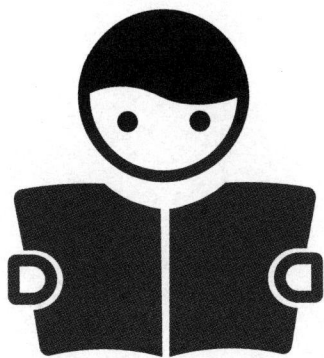

个人知识管理的第三步，即充分挖掘隐性知识。在多元输入显性知识时，不要忽略了隐性知识。隐性知识隐藏在人的头脑中，不易被传递给他人，通常被人们所忽略，它就像是隐藏在生活中的宝藏，等待细心的你去发现。

第一节　发现你所忽视的隐性知识

1958 年，英国物理化学家和哲学家迈克尔·波兰尼（Michael Polanyi）在《个人知识》一书中最早提出"隐性知识"理论，这一发现也被认为是人类认识论上的第三次"哥白尼革命"。

按照波兰尼的理解，显性知识是能够被人类以一定符码系统完整表述的知识，最典型的是语言，也包括数学公式、各类图表、盲文、手势语、旗语等诸种符号形式。隐性知识和显性知识相对，是指那种我们虽然知道但难以言述的知识。隐性知识隐藏在人的头脑中，不易被传递给他人和外化。

隐性知识分为两大类。一类是技能方面的隐性知识，包括那些非正式的、难以表达的技能、技巧、经验和诀窍等；另一类是认识方面的隐性知识，包括洞察力、直觉、感悟、价值观、心智模式、团队的默契和组织文化等。

隐性知识自身具有隐含性和难以编码性，阻碍了人们对它的理解和认识，因此一直不被重视。

理解隐性知识

随着知识管理实践的展开，人们逐步意识到，隐性知识是一种非常重要的知识，正是由于其具有不可模仿性和稀缺性，才成为企业核心竞争力的重要来源，对组织知识的创新和价值的创新发挥重要的作用。隐性知识不易被存储和传递，使得其难以被竞争对手发现、模仿和复制，从而使得隐性知识的拥有者持续拥有竞争优势。

个人同样也要意识到隐性知识的重要性，让其发挥应有的作用。**每个人看似平淡无奇的生命中，都蕴藏一座宝藏，那就是隐性知识。只要人们肯挖掘，沿着哪怕是微乎其微的一丝线索，也能挖出令人惊讶不已的宝藏。**

隐性知识嵌在个人的心智或知觉中，人们难以明确阐述或编码。人类个体是隐性知识的主要载体，隐性知识为个人知识，来自个人经验且存储在拥有它的人的头脑中。隐性知识具有实践性，人们若是缺乏实践过程，则很难理解隐性知识及其价值。

隐性知识还具有交互性，个体通过交互可以获得隐性知识。学徒制、直接交流、面对面社交互动等方式，更适合传播隐性知识。通过隐性知识的交流，我们可以积极获取他人的隐性知识。

人们经常意识不到自己拥有隐性知识，也发现不了自己拥有的隐性知识对他人的价值。个人无法将隐性知识付诸文字或图像，隐性知识需要被发现、提取和捕获。

构建高质量社会网络获取隐性知识

由于隐性知识具有个体性和内隐性，因此通过人际互动这种直接的交流方式才能实现隐性知识的交流。人们和优秀的人交流可以提升自己的学习效率，学到很多隐性知识，但是，隐性知识不会从天而降，需要人们主动寻找。因此，拥有高质量的社会网络成为获取隐性知识的重要条件。

大部分人的社会网络相对简单，主要由家人、同事和同学构成。毕业步入职场后，人们的工作、生活越来越忙，很多人的社会网络只剩下家人和同事。

如何突破这种相对封闭的状态，构建高质量的社会网络呢？

这就需要你在工作之余，利用业余时间，努力跟那些比你强、比你厉害的人做朋友。作为成年人，在学习的过程中，你要有意识地加入优秀的圈子，与大家连接起来。如果你是一个性格内向、不善交际的人，我总结了以下 7 个有效的方法，希望可以帮你构建高质量的社会网络（见图 4-1）。

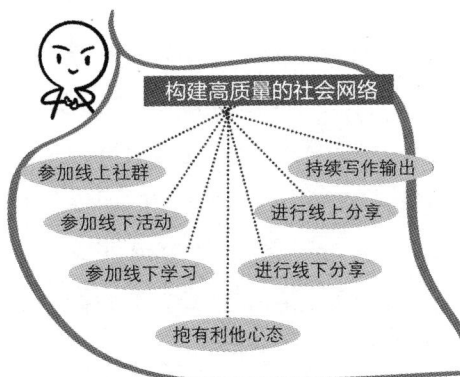

图 4-1　构建高质量的社会网络

1. 加入线上社群

加入你感兴趣的线上社群，是打破圈子最容易的方法之一。现在有各种付费社群，挑你感兴趣的社群加入，就可以打破时空的限制，和全国各地优秀的小伙伴连接起来。

比如，读书的小伙伴有一个经常遇到的问题，即觉得周围可以交流的同样热爱读书的小伙伴太少了，那么你完全可以通过参加线上社群，和同频的小伙伴连接起来。

2. 参加线下活动

作为一个性格内向甚至有点社恐的人，我就是从参加读书会线下活动开始走出自己的小世界的。当年，我渴望和读书的小伙伴交流，我通过互联网搜索读书会来参加线下活动。慢慢地，我结识了同样爱读书的小伙伴，不再觉得那么孤单。

3. 参加线下学习

参加高质量的线下付费学习，能迅速帮助你连接超级人际关系。这里的超级人际关系，不只是指你的老师，还有你的宝藏同学，你不知道谁就是你生命中的贵人。通常课程的学费越高，你能连接的人越优秀。能连接超级人际关系，也是很多企业家、中高管花重金读名校工商管理硕士（MBA）的重要原因之一。

比如，我就是在加入混沌学园的学习后，受老师和同学们的影响，走上了离职创业之路。混沌学园的课程主要针对的是创业人群，和创业者在一起学习交流，打破我了之前"打工者"的思维局限，让我可以站在更高的视角看当下的自己，不知不觉间也使我生发了想要寻找人生使命甚至创业的想法。

4. 进行线上分享

对于内向的小伙伴来说，如果你不是特别擅长主动连接别人，那你可以在微信群里，在征得群主的同意后，进行线上主题分享。如果你不知道分享什么内容好，你可以讲书，通过扩大影响力，让别人认识你。在听了你的分享后，同频的小伙伴通常会主动联系你，和你沟通交流，在共同的话题中，你们更容易建立友谊。

5. 进行线下分享

通过线下演讲，你也可以扩大影响力，增加曝光度，让活动到场的人迅速认识你，不过，想进行一次精彩的线下分享并不容易。你可以先从自己擅长的领域或相对容易的读书分享领域练起，慢慢地将分享内容拓展到其他主题，在多种场合中进行分享。

线下活动通常会有一些互动环节，你可以利用这个环节和嘉宾积极互动，以此扩大影响力。说不定就会有人欣赏你的才华，主动来连接你，为你带来意外的机会。

6. 持续写作输出

通过持续地写作输出，你也能让更多人了解你、认识你。不过，这里要注意，这里的写作，特指你在公开平台上（包括豆瓣、简书、公众号、微博、今日头条、知乎等）的写作，而不是把写的东西私藏起来、秘不示人。现在的平台通常都有私信功能，欣赏你的小伙伴自然会主动连接你。

比如，我之前曾经运营过公益的早起社群。当时，我把关于自己坚持早起的文章发到某平台上，很多人在看到文章后联系我，想和我一起早起。于是，我为大家运营了一个公益的早起社群（现已解散），带领大家一起早起。通过这一篇文章，我结识了很多非常优秀的小伙伴，有些人成了我非常要好的朋友，甚至加入我的工作团队，成为我的助教，是我工作上的得力助手。

7. 抱有利他心态

"积善行，思利他"是稻盛和夫先生提倡的六项精进中的一项。很多人每天忙碌工作、赚取薪水，不知不觉间活成了一位精致的利己主义者。稻盛和夫在《斗魂》中提到："安逸的生活方式，开始时或许会让人觉得轻松愉快，但结果很难让人感到充实满足，人总会追求更高层次的人生目的。"那么，什么才是更高层次的人生目的呢？即为社会、世人做出贡献，用利他之心工作。稻盛和夫在78岁高龄就任日本航空会长拯救日航，当时的他不缺名、不少利。他一分钱工资也没有领，加入日航完全是出于一种利他之心。在日航重新走上轨道之后，这位快80岁的老人默默卸任，并将自己的个人股份全部捐献给员工，他用行动向世人完美阐释了什么是真正的"利他之心"。

我们终其一生也许都不会有稻盛和夫这样挽救危局的能力和机会，但我们可以把利他的态度投入工作、生活、与人相处之中。爱出者爱返，福往者福来，利他才是最好的利己。当你真心为他人提供帮助时，你将赢得别人的信任，你的朋友会越来越多。我们要努力增加"给"的能力，而不是"要"的习惯。在社群或组织中，你也可以主动承担一些工作，为大家服务，积极利他。

格格读书会的关洪刚就特别有利他精神。虽然他性格内向、不善言谈，看起来似乎不具备社交方面的优势，但是乐于助人，得到书友们的一致认可。他平时总是特意早到活动场地，帮助我们摆放桌椅、布置会场。活动开始后，他作为主持人，常常精心安排活动流程，认真主持每一次活动，保证活动有序进行。在有特殊需要时，他也积极提供资金支持，赞助活动奖品。格格读书会之所以能坚持公益运营，都是靠像关洪刚这样的志愿者们的热情支持。一个极致利他、非常靠谱的人，会得到别人的认可，其他人也将愿意与他展开真心的交流。

行动时刻

请梳理一下你的社会网络，你打算怎样拓展你的社会网络呢？

_____

_____

_____

隐性知识虽然听起来有些玄妙，但是也并没有那么深不可测。通过以上 7 个方法，你可以打开自己的小世界，走入一个更广阔的世界。

第二节　在交流中获取隐性知识

这几年，总有朋友向我询问个人成长的方法。他们大多是我的多年微信好友，可以说，他们在"朋友圈"一路见证了我成长的过程：从一个普通的上班族到离职开始创业，成为自由职业者，又从一个自由职业者变为图书作者。朋友们的询问也引起我的思考，我开始回顾这几年的成长之路。

和许多人一样，我有读书的习惯。我平均每年阅读 100 多本书，但这不足为奇，有很多人其实比我读的书更多、知识更渊博。

和许多人一样，我有听课的习惯。2016 年知识付费模式开始兴起后，我和许多人一样，付费购买所需课程学习。但这也不是什么秘籍，身边有很多人比我买的课更多，更舍得为知识投资。

仔细思考之后，我发现，我身上有一点和大部分小伙伴不同，即我非常注重通过连接他人而学习。

我从做一个普通职员到离职开始创业并非心血来潮。当年，我无意间加入一个创业者学习社群，凭着对阅读的喜爱和向优秀同学学习的初心，我利用业余时间，为同学们组织公益读书会。从 2018 年开始，"格格读书会"一直以零预算、零收费、零工资的模式公益化运营。在外人看来，我一直在傻傻付出，其实，在读书会运营的过程中，我获益匪浅，我得到了同学们隐性知识的滋养，还非常幸运地找到了人生使命——用读书为成长赋能，从此开启离职创业之路，我是隐性知识的极大受益者。

交流中的隐性知识价值重大

隐性知识比显性知识更具有价值，因为它难以被竞争对手模仿。当你加入高质量的社会网络时，个体隐性知识将更可能被显性化，从而减少个体获取隐性知识的时间和精力。在高质量的社会网络中，隐性知识能帮助成员快速解决问题，发展成员的职业技能，传递最佳范例，帮助群体中的个人开发潜能和兴趣爱好。通过交流互动，成员可以摆脱自身现实思考，突破自身局限性。

公司内部可能存在获取隐性知识的障碍。成员彼此间可能有竞争关系，组织及团队、个人之间的竞争，致使有些人可能不愿意分享隐性知识。但是，当你加入工作之外的高质量社会网络时，由于不受利益竞争、权力竞争、正式组织规则等的影响，大家可以开诚布公地交流隐性知识。社会网络中隐性知识的交流可以作为个人形成竞争优势的来源之一。

一个人的认知和思想是封闭的，所带来的成长也是有限的。为了打破这种限制，你需要向别人请教、跟别人学习，打破认知边界，建立多元思维模型，从而快速成长。尤其是在遇到问题，冥思苦想许久都没有找到答案时，也许别人的一句话就能点醒自己。这就是所谓的"听君一席话，胜读十年书"。

物理学中，有一个"熵增定律"，大意是说，在一个封闭的环境中，任何事物必然从有序到无序，直至死亡。任何封闭系统，最终的命运都是走向死亡。想要"反熵增"，就需要"开放"，即对外开放，不封闭自己。你可以主动找人一对一约饭或者约咖啡，在一对一的交流中，获得智慧，汲取隐性知识的能量。

华为公司就非常鼓励员工约见"牛人"，创始人任正非鼓励华为员工跟全球最优秀的人才喝咖啡，即**"用一杯咖啡吸收宇宙能**

量"。在《华为学习之法》中，任正非说："世界 IT 行业最发达的地区在美国，在持续引入高端专家的同时，我们的高级干部和专家也要突破局限，每年走出去和世界交流，不要只知道埋头苦干，要善于用一杯咖啡吸收宇宙能量。我们经常参加各种国际会议和论坛，杯子一碰，只须 5 分钟，人与人之间就可能擦出火花。有时候，某个人的一两句话就足以道破天机，为其他人提供灵感。"

华为人很少参加外部机构举办的培训班，除了华为大学安排的岗位培训课程，华为人的成长其实靠的就是做咨询项目时与顾问的交流，以及选型时与供应商的交流，招投标时与客户的交流。

那么，你该去和谁交流呢？可以是课程的授课老师，也可以是优秀的同学。当你有意识地加入高质量的社会网络，你会发现这里卧虎藏龙，有创业者、董事长、公司中高管、自由职业者，等等。可以说，任何你欣赏的优秀人才，都是可以交流的对象。你可以在与对方相识后，及时跟进，邀请对方一起吃饭或一起喝杯咖啡。

在与人交流时，该聊些什么呢？任何你感兴趣的问题都可以当面交流。当然，如果你有明确的想要请教的问题，提前做好功课，了解一下该领域再当面交流，这样能提高交流的质量。为了避免冷场，你也可以提前浏览一下对方的朋友圈或其他社交媒体上他的近况，以加深对对方的了解，寻找共同话题，避免无话可聊的尴尬。

这里，推荐大家用"反思式倾听"这个工具，它可以提高交流的效率。

用好"反思式倾听"，提高交流效率

1. 复述

用自己的语言重新叙述说话者语言中的含义，以检查所传递信息的准确性，比如："如果我没理解错的话，你的意思是……"

2. 澄清

和一些专业人士交流时，对方可能会说一些你不知道的专业词语。这时，你要请对方详细说明，以便更好地理解对方的意思。比如："我不了解……你可以解释一下吗？"

3. 总结

及时总结，以确认你听到的和所理解的信息是否正确。比如："总结下你说的……"

4. 情感反应

要对说话者传递出的情感做出反应，以促进交流，比如："你似乎对……很失望。"

当面交流 7 个注意事项

在与人当面交流时，你还需要关注以下 7 个注意事项。

1. 就近原则

所谓就近，是指你要以对方的所在地点为中心。当你邀请别人，对方愿意分出宝贵时间与你交流时，你要以对方的方便为原则，选择适合的餐厅或咖啡厅。当然，无论是约饭还是约咖啡，形式并没有那么重要，关键是彼此有机会交流，根据对方的空闲时间选择合适的地点即可。

2. 提前到达

如果在地点选择上以对方为中心，那么对你来说，约见之地通常是陌生的地方。为了不影响对方的日程安排，你最好提前出发，提前到达，以免浪费对方的时间。

3. 主动买单

这是最基本的社交常识了。别人肯不吝时间当面交流，已经表示了最大诚意，此时你万万没有再让对方买单的道理了。

4. 携带礼物

为了表示对对方的感谢，一般出门时，我会随身携带一份小礼物。礼物不在于贵重，送的人用心即可。

5. 记录笔记

在与别人交流时，讲到重要之处，要记笔记，这也是出于对对方的尊重。等交流结束，我通常会再次整理笔记，梳理重点，提取隐性知识，这样才算不虚此行。

6. 主动反馈

在与对方交流之后，你可以在日后通过微信文字等形式，将你在对方的指导和帮助下有了怎样的收获和进步等内容反馈给对方。对方知道后，也同样会十分开心。

7. 行动感谢

除了主动反馈，你也可以在取得小小的成绩之时，给对方寄一份小礼物，用行动表示你的感谢。有的人可能喜欢直接发红包表示感谢。但是我发现，发红包虽然实惠，但当事人容易转瞬就忘。你不如直接邮寄一个实物礼物，让对方看到礼物便想起你，感知你的用心，这样岂不是更好？

我自己就是一对一约饭计划的受益者。2019年，我曾经和100个优秀的小伙伴进行一对一约饭交流，受益匪浅。我能成功出版《榨书》一书，也不是一个人闭门造车、闷头努力的结果。当时，我和一位朋友吃饭、聊天，朋友偶然间了解了我的情况，并鼓励我出书。最终，我在朋友的指导和推动下，实现了出书的梦想。时至今日，我一直有和朋友们约饭、约咖啡的习惯。我也一直鼓励周围的小伙伴们积极与高手展开交流。

　　格格读书营的弘富同学就非常注重在交流中获取隐性知识。一次，她在从深圳返回辽宁的路上，特意绕路来北京与我见面。事后，她反馈说，那一次的见面，彻底改变了她对自己的认知。在交流中，我们聊了彼此的近况。我见她有独特的育儿经验，建议她深耕儿童教育领域，把自己育儿路上的成功案例总结、分享出来，在帮助别人的同时，实现资源共享。她当时有些吃惊，没想到自己居然还有这样的优势。在那次见面之后，她立刻行动起来，多次举办儿童国学经典亲子读书会，把 0 ~ 3 岁和 3 ~ 6 岁的孩子应如何诵读国学经典、如何养成自律习惯等方法分享给了家长，带领家长们共读育儿书籍，从提升自身开始，营造共同学习的氛围。许多家长表示，这对他们的帮助很大，使他们对育儿的焦虑有所减少。在实践中，弘富也对自己在儿童教育方面的探索越来越自信，内心的目标更加清晰。如果说一次相遇能改变人生轨迹，那么那次见面确实改变了弘富同学后来的生活。

行动时刻

　　请写下你的约饭或者约咖啡计划。

　　不妨先列出 10 个你想约见的人的姓名，然后尽快约起来吧！

　　_____

　　_____

　　_____

当你面临一个需要解决的问题时，最有效的方式肯定不是自己找几十本书去读，慢慢摸索解决方法，而是直接请教有能力的高手。只是对于普通人来讲，身边的高手可能不是那么多，所以只好退而求其次，通过读书、听课、读文章等方式，提高自己解决问题的能力。

因此，你需要不断融入高质量的社会网络，有意识地拓展不同领域的人际关系，让自己拥有更多与不同领域的高手交流、获取隐性知识的机会。那些可以"压箱底"的东西，往往是你在不经意间学到而且无法用文字表达出来的内容。正如《荀子》所提："蓬生麻中，不扶而直。"与高手们朝夕相处、交流，是最有效的学习方式之一。

第三节 在反思中获取隐性知识

除了通过与他人交流获取隐性知识，你也可以在反思中获取隐性知识。如果说交流是在向他人学习隐性知识，那么自我反思则是在向自己学习隐性知识。

善于反思的高手

高手们善于从反思中学习、获取隐性知识。

曾国藩是"晚清第一名臣"，他于 1811 年生于一个普通耕读家庭，后成为中国近代杰出的政治家、战略家、理学家、文学家。曾国藩为了践行学问之道和修身之法，立下日课十二条，包括主敬、静坐、早起等。每天不管多忙、多晚，他都坚持反省自己一天的行为。

富兰克林于 1706 年生于一个铁匠家庭。他是富甲一方的企业家、受人尊敬的慈善家、举世闻名的发明家、影响深远的文学家、成就卓越的外交家，还是美国独立战争的重要领导者，是美国开国元勋之一。富兰克林希望自己在道德上至善至美，因此，他订立了十三条值得拥有的美德和必须遵从的戒律，其中包括节制、慎言等，并每天反思自己是否做到了这十三条。

每天反思，帮这些杰出人物改掉自身的缺点，使他们不断精进、走向卓越。

成甲老师被罗辑思维评选为"中国最会学习的人"。他在读富兰克林的故事时，受到了启发，也开始坚持每天反思。他不仅自己每天反思，还要求自己的员工每天写反思日记。

成甲老师在《好好学习》中写道："写反思日记可以成为自己的隐形竞争力。当我和其他人花了同样的时间、经历了同样的事情，自己的收获和成长却和他人完全不一样时，我慢慢发现，人与人之间的差距不是来自年龄，不是来自经验，而是来自经验总结、反思和升华的能力。"

可见，高手们都善于从反思中学习、获取隐性知识。每天反思，可以帮助生而平凡的他们成就不凡的人生。

用好反思日记的好处

2017 年，周岭老师偶然读到了成甲老师所写的《好好学习》，深受每日反思这一行为的触动，他也决定每天反思。没想到，这个毫不起眼的决定，竟然帮他开启了一个全新的世界。

每天写的反思日记相当于一个深度日志记录，一个人每天只需要花一点点时间，对当天最触动自己的事情或感悟进行复盘，就可以对生活有更深的觉知。

周岭在写到第 160 天时，突然萌生了开公众号写作的念头，因为反思带给他的好处实在太多了，他希望把它分享给大家，让更多人受益。

他在网上公开发布的文章，引发很多人的共鸣和正反馈，这些人也不断抛出自己成长过程中的困惑，希望得到他的解答。他索性又在公众号上开通了问答专栏，帮别人答疑解惑。

在解决了很多人的成长困惑后，他发现自己探索出的方法，竟然可以解决大多数人的困惑与烦恼，这些积累构成了《认知觉醒》这本书的基本样貌。可以说，正是坚持写反思日记，促成了一位畅销书作者的诞生。

那么，每天写反思日记具体有哪些好处呢？为什么古今中外很多精英都推崇这一方法呢？

在《认知觉醒》中，周岭老师分享了他切身体验到的几大好处。

好处一：优化改进自己

如果你练习反思，就必然会更加关注身体、情绪和思维三方面，不断优化和改进自己。

好处二：激发灵感创意

在反思的过程中，你会产生更多灵感、顿悟和创意。反思能帮你抓住思想的火花。

好处三：升级认知水平

通过不断反思，你可以在很小的年纪就拥有比同龄人更高的认知水平，汲取隐性知识的营养。

举个例子。在职场，大家难免会因为领导的批评而心生不爽。

但周岭老师能坦然面对领导的批评，为什么？反思。领导用词刻薄时，周岭老师也想当场回击，但是在当天的反思中，他认真分析了领导的批评：客观来讲，领导批评得有道理，只是领导脾气不好，并没有针对他个人。

通过反思，周岭老师能够更加冷静地面对工作中领导的批评。而且，他还学会了一招，即分开对待对方的情绪和意见。这一宝贵的隐性知识，仿佛成为保护他的铠甲，使他再也不畏惧领导或任何人脾气发作时的狂风暴雨了。

普通人如何写好反思日记

那么，普通人要如何写反思日记呢？好多人一直没有切实感受到反思的好处，可能是因为他们写反思日记的方法不对，也可能是因为他们没有坚持下去。

周岭老师写反思日记的方法很简单，留意每天生活中最触动他自己的点。不管这个点是令人欣喜还是难受，只要他有所触动，就会把这一点摘取下来，分三条进行记录（见图 4-2）。

反思第 ___ 天 时间_____	
描述经过	
分析原因	
改进措施	

图 4-2　反思日记模板

（1）描述经过：以便日后回顾时能想起当时的情景。

（2）分析原因：多问几个为什么，直到受到深度启发。

（3）改进措施：尽可能提炼出一个认知点或行动点。

反思的最终目的不是释放情绪，而是改变。当反思得足够多时，你可以给自己列一份行动清单，并将其写到便签上、贴到桌子上，以提醒自己用持续行动让改变发生。

反思日记一定要坚持写下去，才会体验到好处。那么，你该如何坚持呢？可以参考周岭老师在《认知觉醒》中所提供的方法。为了让行动更清晰，你需要把写反思日记这件小事安排进你的日程，明确执行的具体时间，以提醒自己按期执行。

说到此，你是不是也心有所动，跃跃欲试，想写反思日记了呢？周岭老师说：**有反思的生活，就好比每天在时间的溪流中拾取一块闪亮的小石头打磨成认知的晶石。有了认知晶石打底，我们的生命质量和密度将发生改变。**

希望你在反思日记的助力下，多多拾取认知晶石，即隐性知识，让它们发出璀璨的光芒，照亮你前行的路。希望你的未来之路，也能因每天反思而变得越发开阔。

第四节　在读书会获取隐性知识

除了与他人交流和进行自我反思，还有一个获取隐性知识的好方法，即参加读书会活动。读书会是人们交互学习的平台。不同领域中爱读书的小伙伴通过面对面交流与学习，实现经验与知识的扩散。通过读书会活动时的面对面切磋、交流，人们相互学习，获取隐性知识。

不同成员的隐性知识都与其观念、经验和最佳实践有关，这些隐性知识的拥有者通过读书会有了沟通与联系。经常参加读书会成了个体竞争优势的潜在来源之一。

常见的 3 大类型读书会

目前主要有 3 大类型的读书会。

企业读书会。这通常是由公司人事部门承办。比如新东方的俞敏洪老师便非常提倡读书，因而公司内有读书会供员工参加，这是一项员工福利。人事的员工背负着关键绩效指标（KPI）的考核，通常尽心尽力办好读书会，比如邀请重量级嘉宾、提供图书等各种礼物，以吸引员工们的积极参与。

商业读书会。在推广阅读的同时，读书会也被用于商业盈利。大家都比较熟悉樊登读书，我本人也是其会员之一。樊登读书以樊登老师每周讲一本书的线上产品为主，以举办各种不同主题的线下活动为辅。这些活动被用于提升会员满意度，读书会也通过线下活动获取新的付费用户。

民间读书会。这通常由爱读书的热心小伙伴组织而成。民间一般会有定期的阅读分享活动。绝大部分读书会没有收入来源，会收取门票费用，在覆盖场地等运营成本的同时，会略有盈余。但这种读书会运营并不稳定，由于发起人本身太忙无暇顾及，活动参与人员太少等因素，有些读书会会停止运营，成为很多书友心中美好的记忆。

读书会是天然的线下学习场所，在读书会中，你可以聆听他人分享，促进认知升级，在与他人交流中进行自我反思，获取隐性知识。通常，你可以上网搜索，选择自己喜欢的读书会，定期参加活动，这样将收获巨大。我本人就是从参加线下读书会活动开始，慢慢创建了格格读书会。

参加读书会活动还会实现知识创新。瑞典作家弗朗斯·约翰森（Frans Johansson）在其著作《美第奇效应》中提出，当我们跨入不同领域、不同学科、和不同的文化产生交汇时，将会因结合现有的观念而创造出大量的突破性的新想法，产生交汇点创新，也就是产生所谓的"美第奇效应"，即与其他领域的人交流，驱动交汇点创新。美第奇是 15 世纪意大利佛罗伦萨的银行家族，该家族赞助了当时的雕刻家、科学家、诗人、哲学家、画家、建筑师等专业人员，这些人通过定期聚会互相学习，打破了彼此间的专业领域壁垒及文化壁垒，创造了一个拥有全新想法的时期——文艺复兴时期。

参加读书会活动的 3 点建议

如何在参与读书会活动时，让自己的收获最大化呢？

书友张媛慧通过参加格格读书会的线下活动，从胆小害怕变得超级自信。她在 2021 年 5 月初次了解了格格读书会，偶然间在一个微信群里看见了活动信息，被公益读书会的运营理念所吸引，决定体验一下，没想到，从此她的人生开启了新的篇章。她结合自身经验，给大家参与读书会活动提了 3 点建议。

1. 积极参与分享

在读书会，如果你只是安静地坐在那里，听别人分享，肯定会有认知上的收获，能够汲取隐性知识。但如果你想让收获效果最大化，就要积极参与其中，成为主讲分享人。

张媛慧在参加读书会活动时，积极报名分享讲书。通过认真读书、准备PPT，她进行了非常精彩的分享。这一过程不仅帮助她充分吸收了书中内容，还锻炼了她的演讲表达能力。

2. 积极参与讨论

格格读书会为了让大家互相激发、互相赋能，每次活动都有小组讨论环节，大家会在自我介绍后，讨论今天所分享的主题。这个过程就是学习隐性知识的好机会。

记得有一次，一位孕妇来参加活动。这位孕妇书友当时分享了一句话，叫"温柔且坚定"，媛慧很受触动，她认为，此观点不仅适用于育儿，在日常交流中也非常实用。于是，她将"温柔且坚定"运用到自己的日常生活中，身边的同事和家人们反馈，她说话不再那么耿直，让人觉得舒服多了。她一次次地参与互动、讨论，不知不觉间汲取了许多隐性知识，这些知识也润物细无声地影响着她的工作和生活。

3. 积极参与运营

后来，她又加入读书会运营天团，成为主持人，负责整场活动，义务为书友服务。一次次锻炼下来，她进步巨大，成为我的一名得力助手。可是，很少有人知道，她下了很大的决心才决定承担主持人的工作。她从小就比较胆小，是读书会的正能量滋养了她，给了她前进的勇气。通过在读书会的锻炼，她也在工作中打开自己，入职短短几个月，她就得到了公司领导层的认可和信任，被安排了重要任务。

这些都是她参加读书会的意外收获。读书会的一次次历练使她变得越来越有能量，她整个人都绽放着自信的光芒。

在读书会活动中，越参与、越收获；越付出、越收获。

书友蒋芳杰也因参与格格读书会而受益良多。在我创办格格读书会之初，运营上遇到了许多困难，她积极帮我解决问题，场地不合适她就提供场地支持，没有摄影师她就补位摄影师。一直以来，她为读书会的运营付出了许多心力，但她一直说付出越多，收获越多，她自己是最大受益者。比如，她的阅读量有了显著的提升。之前由于工作忙碌，她顾不上读太多的书，但在读书会的熏陶下，她能保证每周阅读一本书。对于之前每个月阅读一本书的她来说，这已经是 4 倍的阅读量，这对她更好地教育孩子也提供了很大帮助。

再比如，她坚信"利他就是最好的利己"，她说，之前读书会来过一位创业的同学，在互相交流时分享了他因一直积极助人而事业、生活都比较顺利的故事，这对她的触动很大，也更加坚定了她服务好书友的决心。利他为她赢得了读书会书友的一致认可，大家亲切地称她为"蒋老师"，也帮她在工作和生活中交到了很多朋友。她是一名销售，但她从不用主动追着客户推销产品，许多老客户出于对她的信任主动为她介绍新客户，让她在公司的销售业绩遥遥领先。她身为一名公司管理人员，因"积善行，思利他"的靠谱人品，赢得同事们的一致认可，也吸引着更多人加入她的团队，和她成为同事，这为她打开了一扇更加广阔的事业大门。在格格读书会的积累，使得她在工作上有了新突破。

行动时刻

你经常参加读书会活动吗？如果有，请分享一下参加的收获。

如果没有，请马上搜索一下你身边的读书会，尽快加入其中吧！

_____

_____

_____

和爱读书的人在一起，你才会读更多书，和优秀的人在一起，你才会更优秀。如果你之前很少参加读书会，那么从现在开始，不要犹豫，动动手指搜索一下你身边的读书会并尽快参加吧！

本章知识盘点

1. 收获：本章最重要的 3 点收获

收获 1：_____

收获 2：_____

收获 3：_____

2. 金句：本章最打动你的 3 个金句

金句 1：_____

金句 2：_____

金句 3：_____

3. 输出：你将以哪种方式输出本章所学

输出 1：_____

输出 2：_____

输出 3：_____

4. 行动：读完本章，你计划采取什么行动

行动 1：_____

行动 2：_____

行动 3：_____

第五章

知识内化，让知识长进脑子里

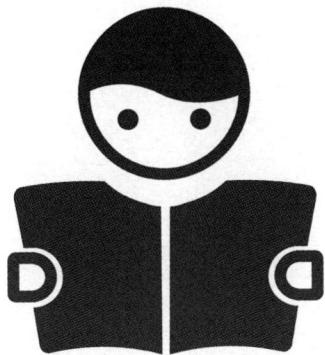

个人知识管理的第四步，是知识内化。笔记是构建知识体系的有力工具。通过记笔记，你可以对知识分门别类进行整理，建立起自己的知识体系。记笔记能够助力知识内化，让知识长进脑子里。你需要在实践中摸索前行，找到最适合自己的记笔记方式。

第一节 不动笔墨不看书

读书是常见的知识输入方式。有了六大阅读法助力，你每年可以轻松读完 100 本书，但如果想让读书发挥最大的效力，发挥出它的价值，你还需要记读书笔记。做笔记真的很重要，我们要会读书，更要会做笔记，如果你觉得自己读书破万卷，但始终没有什么收获，或许问题就出在笔记上。记好读书笔记，是读书之后进行输出的基础，也是读书后行动改变的桥梁。

之前，我以为大家在读书时都会记笔记，直到一次在参加读书会线下活动时，我偶然发现一位即将上台进行讲书分享的同学读书时都没有记笔记，顿时惊讶不已。细问之后，我发现她原来是舍不得记！不只是她，很多人都有这种"舍不得在书上记笔记"的心理。在他们心里，书是非常神圣的物品，不要说读书笔记，他们连自己的名字都舍不得写在书上。一本书，即使在他们手里被翻看了好几遍，也是崭新如初的。

这种"爱书如命"，其实是一种非常低效的读书方式。我提出了"毁书不倦"的口号，所谓"毁书不倦"，就是强调人在读书时，可以拿起笔在书上写写画画，记下笔记。这样，你在看完书后才能挑出重点，把书读成自己的，让书不白读。

记读书笔记的 4 大好处

好记性不如烂笔头。杨绛先生曾经写过一篇文章叫《钱钟书是怎样做读书笔记的》，文中就揭示过钱钟书"过目不忘"的秘密：他只是好读书，肯下功夫，他不仅读，还做笔记；不仅读一遍两遍，还会读三遍四遍，在笔记上不断地添补。所以他读的书很多，遗忘得却很少。钱钟书本身记忆力惊人不假，但能过目不忘，与他的大阅读量与做笔记的勤奋不无关系。

具体说来，记读书笔记有以下好处。

1. 高效阅读，一次挑出书中重点

在读书时，我推荐大家手里拿一支笔。一边读书，一边标记重点，写写画画。通过一次阅读就挑出书中的重点，才是真正的高效阅读。被标记了重点的书，有着你自己的思想印记，才算是真正意义上的你自己的书。

2. 有助于记忆，消化吸收书中内容

很多人在读书时有个痛点，就是觉得读完书就忘。如果你想解决这个问题，你就要像对待上学时的考试一样，每读完一本书，便及时复习自己在书中标注的重点，这样你才有可能记住书中的内容。

3. 有助于输出，记好笔记不愁输出

读书是输入的过程。要想真正将书的内容内化吸收，你还需要用输出倒逼输入。读书分享能锻炼你的逻辑思维能力、语言表达能力，帮你更好地吸收、消化书的内容。所有的读书输出形式，包括写书评、直播讲书、线下讲书、录短视频讲书等，都是以你在书中所记的读书笔记为基础的。

4. 有助于行动，写践行清单促行动

好多人在读书时，只是沉浸在努力的假象和发朋友圈的新鲜感中，在读完书之后，生活也似乎没有发生太多改变。如果你读了很多书，依然过不好这一生，那么可能是你的读书方法不对。正确的读书方法，是在读书之后写一份"践行清单"，即你在读书之后，根据自己所记的读书笔记，找到书中启发你的知识点，从而写出自己要做什么，用写"践行清单"的方式写出你的行动计划，提醒自己进行实践。

格格读书营的栗子同学之前也是典型的爱书如命者。跟我一起学习之后，她才意识到读书要动笔。以前，她没有记笔记的习惯，每次打开一本书对于她来讲都是新书，她从头读到尾，效率特别低。经过我的点拨，她在阅读时尝试打破对书的敬畏感，开始踏上"毁书不倦"之旅，从开始的不习惯到后来的乐此不疲，读书变成一种享受。随后，她又把"毁书不倦"原理用在工具书和学习资料上面，她在阅读专业书时虽然没有达到"毁书"的程度，但她的书也不再是完整如新的样子。书的每一个章节都会被她拆开，在阅读之后，她所打印的文献上会布满五颜六色的小波浪和标记。她还会贴上几张可爱的小便签记录疑惑和收获，使得笔记看起来赏心悦目。她所拿到手的各种证书也证明"毁书不倦"这一阅读方式确实非常有效。

记读书笔记关键 4 步

那么，该如何记读书笔记呢？常用记读书笔记方法见图 5-1。

图 5-1 常用记读书笔记方法

1. 划线

读书时，你需要一手拿笔，一边读一边记笔记，顺手标记你认为重要的或触动你的句子。记笔记最简单的方法就是划线。当然，你也可以画五角星、三角形、波浪线等，你还可以用不同颜色的笔记笔记，这完全取决于你自己的阅读习惯。同一本书每读一次，你可以换一种颜色做笔记，这样会让重点更加清晰。

2. 折页

在读书时，你不仅要划线记笔记，还要折页，折页的意思是，提醒你自己，这里是笔记或重点的出处，这样方便你后期查看、快速定位。比如，你可以在书的左下角或右下角的位置折页，提醒自己这里是笔记的出处；也可以在左上角或右上角位置折页，提醒自己这里是重点中的重点，你需要特别关注。如果不折页，辛辛苦苦读完一本书、记完了笔记，自己却无法快速找到重点，那岂不是亏大了？

3. 写批注

读书时，如果你有什么想法，直接将想法写在书页空白处就好了。想法转瞬即逝，将它们记下来可以尽量避免遗忘。

4. 贴便签

如果你实在不舍得在书上写字，还可以贴便签，在便签上写下你的想法。同时，如果你想写书评、直播讲书、在线下讲书、录短视频讲书，便签也是一种非常方便的辅助阅读的小工具，可以帮你记下想法，方便你直击重点。我在直播讲书时，就喜欢提前在书中需要重点讲解的地方贴上便签，写上要讲解的关键词。这样讲书时也非常方便，我直接将书翻至便签处，看下关键词的提示，就可以开讲了。

行动时刻

看看这本书，你用以上方式来做读书笔记了吗？

如果没有，你可以从头回翻一下本书，补上笔记，并分享一下自己记笔记的心得。

_____

_____

_____

_____

填写读书笔记表格模板

在看完一本书后，为了巩固吸收书中的内容，你可以填写读书笔记表格模板（见图5-2）。

填写方法：在读完一本书后，回看整理一下你所记录的读书笔记，用A4纸打印读书笔记表格模板，便可以轻松填写笔记内容。读完一本书，通常只做一页读书笔记即可。如果你遇到了特别喜欢的书，也可以将每一章都做成一页笔记。

以下是填写说明：

收获： 你读书后的感悟、收获；它相对主观，需要你自己总结归纳。

金句： 直接摘抄书中打动你的金句即可。

行动： 读完书后，根据书中内容，你将要采取什么行动。

心得分享： 强调读书后的输出，指以书评、线上/线下分享、短视频、直播等形式进行输出。

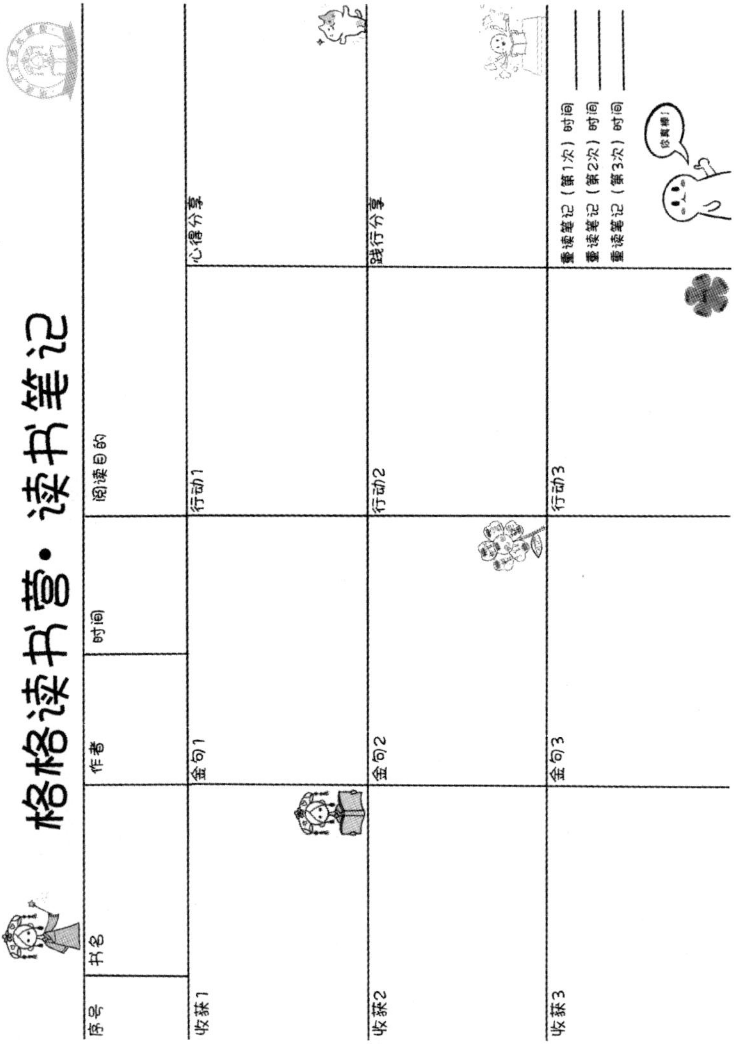

格格读书营·读书笔记

序号	书名	作者	时间	阅读目的	心得分享
收获1		金句1		行动1	
收获2		金句2		行动2	践行分享
收获3		金句3		行动3	

重读笔记（第1次）时间 _____
重读笔记（第2次）时间 _____
重读笔记（第3次）时间 _____

图 5-2　读书笔记表格模板

践行分享：你根据"践行清单"行动一段时间后产生了什么想法，都可以在此位置填写。

重读笔记：笔记也是需要重复复习的。在重读笔记后，填写重读时间即可。

"读书笔记"模板可以帮你在读完书时轻松完成总结输出工作。读书笔记将一本书的重点轻松纳入一张纸，更易于你理解、吸收。如果你将这样的读书笔记转发至朋友圈，将非常吸引人眼球，帮你赢得很多赞，令你成就感爆棚。如果你用不同颜色的笔填写笔记，效果可能更好。

格格读书营的山竹妈妈同学就是因记读书笔记而成长的。她的工作是家庭教育讲师，为了更好地输出知识，她需要做好输入工作。她原来的阅读方法收效甚微，读了书之后常常记不住、用不上。在她用填写读书笔记表格的方式优化了阅读笔记后，一切发生了改变。现在，她每本书都要看两遍，第一遍时划线、折页、在空白处记想法，第二遍则把读书笔记的表格填满。刚开始时，她所记录的三点笔记是分散的，彼此间没什么关联，她就只记最能打动她的"认知时刻"。后来，她试图为全书搭建框架，试着用三点笔记总结全书。一本书或许不能都被装进脑袋，但一张纸可以。她渐渐意识到，这是知识提炼浓缩并慢慢被结构化的过程。

慢慢地，她能在做课件的过程中想到她所读过的书，能在讲课的时候随口讲出书中的金句，也有了越来越丰富的类比知识和案例，让学员能从她的课中受益更多。这样的正向反馈，使她更加坚定了以这样的方式来记读书笔记的信念，也使得她的阅读更加高效。记笔记带给她的，不仅是阅读方法上的改变，也有思维方式的优化，图5-3就是她所记的笔记的一部分。

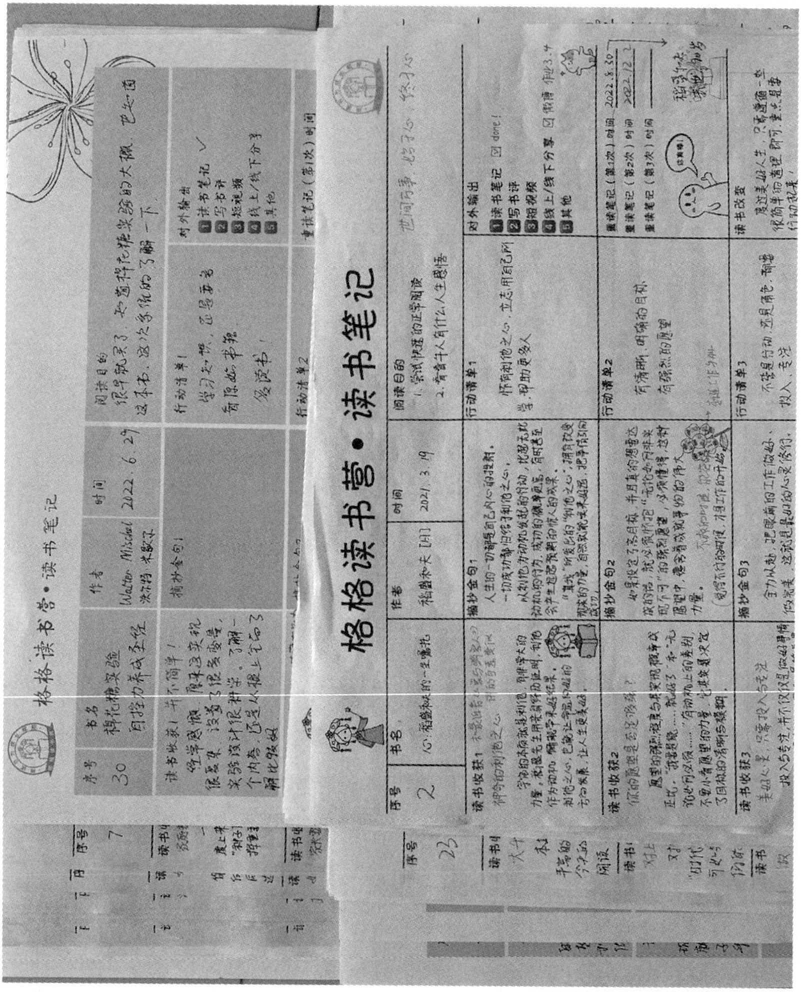

图 5-3　山竹妈妈的读书笔记（部分）

章学诚曾提出这样一个观点：**"读书如不及时做笔记，犹如雨落大海没有踪迹。"** 写与不写，完全不同。吃下去的食物，要被分解为营养物质吸收消化；读了的书，也要被凝练成知识为我所用。笔记犹如从阅读到行动的列车，是实现知识结构化的工具。通过读书时记笔记，读书后总结笔记，你可以更好地内化、吸收一本书，真正地让书融入你的大脑，为你所用。不动笔墨不读书，记读书笔记将使你的工作更高效，使考证变得更容易，使学到的知识更深刻。

第二节　6 大高效记笔记方法

美国畅销书作家凯文·克鲁斯（Kevin Kruse）研究了几千名来自各行各业的专家，采访了数百位成功人士，其中包括亿万富翁、奥运会冠军、名校尖子生、世界 500 强企业家。他出版了《高效 15 法则》一书，专门指出记笔记对成功人士的重要性。其中亿万富翁、希腊船王亚里士多德·奥纳西斯（Aristole Onassis）在"价值百万的一课"中提到：随身带个笔记本，把突然闪现的想法、对新见到的一些人的了解以及有趣的事情写下来，如果不写下来，你就会忘记，这是你在商学院学不到的、价值百万的一课。

成功者似乎有一套自己记笔记的方法。我们除了在读书时要做读书笔记，在其他一些学习场景中，比如听线上课、听线下课、参加线下活动、约见牛人之时，也需要做笔记。

如果说在听课时需要记笔记是常识，那么在参加活动和约见牛人后要记笔记则是许多人容易忽略的部分。很多人把参加活动当成玩耍，喜欢在活动后发照片在朋友圈中炫耀一下；很多人也把约见牛人当成吃饭聊天，没想到在聊过之后还要记笔记。其实，线下活动和约见牛人的过程中，往往闪现着智慧的火花和重要的知识，你一定要及时记录，不然很快就忘记了。

记笔记4大好处

具体说来，记笔记有以下4大好处。

1. 保持专注

不管是听线上课，还是听线下课，都特别容易分心走神。你可能禁不住手机的诱惑，总想玩手机，这会让学习效果大打折扣。建议你在听课时，专心记笔记，这样你的思路将紧跟着老师，你将更加专心，听课效率自然也会更高。

2. 记忆内化

笔记是用于辅助记忆和内化知识的工具。若没有笔记，只是听课的话，人基本上处于"过脑瘾"的状态。听时很是热闹，听完什么也记不住，这样的听课学习实际是对一个人时间和精力的浪费。

3. 巩固复习

不管是听线上课、线下课，还是参加活动、约见牛人，你都需要及时复习笔记。这样做，一方面是为了让你充分消化知识，另一方面也方便你在复习时重新审视笔记，这时你的时间将更从容，也许你会留意到自己记笔记时所忽略的重点，获得新的知识和灵感。

4. 个人品牌

在互联网时代，再小的个体也有自己的品牌，你可以通过笔记向世界输出你想要表达的内容。通过持续输出有价值的知识笔记，你可以连接身边同样热爱学习的小伙伴。一篇优秀的笔记，就是你绝佳的社交货币，会让别人愿意主动来找你。

6 大常用的记笔记方法

那么，到底如何记笔记更好呢？以下是 6 大常用的记笔记方法。

1. 手写笔记

所谓"好记性不如烂笔头"，用笔记本和笔记笔记是最传统的记笔记方法。在电子时代，手写似乎有些过时。其实，用这种方式记笔记反而更加高效，当你打开笔记本电脑，用 Word 等电子文档记笔记时，电脑上会有各种信息打扰你。看似高效的电子笔记，反而不如手写笔记使人专注、效率高。美国心理学协会（Association for Psychological Science，APS）研究调查发现，当人们放弃电子设备，用传统的笔和纸做笔记时，他们的记忆力与理解能力将显著提升。

2. 思维导图笔记

有些人是思维导图高手。他们在听课时会用 Xmind 等软件制作思维导图笔记（见图 5-4），从而一边听课，一边记录重点。等到课程结束，一张逻辑清晰、重点分明的思维导图也被做了出来。如果你课后立刻将图片发到群里分享给同学，你将成为同学眼中的"学霸"。

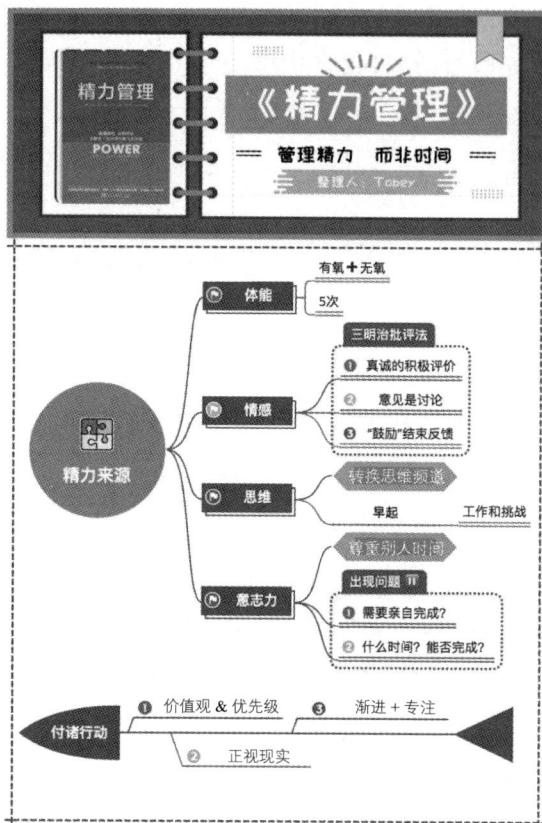

图 5-4　思维导图笔记

3. 金句式笔记

一般情况下，金句都是精华的提炼和浓缩，富有一定哲理，更能突出表达主题、升华内容。金句有思想深度，能引发人们的共鸣。"金句式笔记"方式是阅读推广人——鼹鼠的土豆老师所提倡的，笔记格式一般如下。

金句：在你所接触的知识中挑出打动你的金句。句子不要过长，用一两句话说明即可。

出处：注明到底是谁说的金句。如果金句来源于图书，注明作者名和书名。

个人感悟：写出你本人对这一金句的感悟、所思所想。

引申总结：最后进行总结。

以下是"鼹鼠的土豆"老师所写的例子。

你不能厉害了才开始，而是开始了才厉害。——格格《榨书》

我平时有很多征稿的工作，不少写作者会问："这么多人投稿，是不是竞争很激烈？"实际上，我上周征稿时，有 100 多人报名，等到了截止日期时，却只有 3 人交稿。

成功的路上从来不拥挤，不需要拼天赋、拼努力。大部分人在从 0 到 1 的过程中，自己就放弃了。

当你行动起来，你就已经比一半的人快了；当你完成，就已经有 7 成把握了；当你能按照决策流程走，你已经遥遥领先了。

格格读书营的冯玲玲同学就采用这种方式记读书笔记。她在读书时，会把喜欢的句子划下来，折上页，这样等她读完一本书时，便有了很多折页。金句不必一句句摘录到一个单独的本子上，好的句子自然会给人留下深刻的印象。在记得不够清楚的时候，她翻开书看一遍折页的金句，便等于又复习了一遍。对特别有感触的句子，她会按照金句笔记法，将感悟记录成读书笔记。这种划金句、记录金句笔记、回顾整理的过程，对她来说是非常有意义的。在写金句笔记时，她加入了自己的理解和思考，这也使她对书的内容理解得更透彻，更容易将书的内容融入自己的知识体系。而回顾整理的过程则使她更加深入地理解一本书。此时知识将不再局限于一个领域，会在多个领域被印证。此外，对于多次回顾的书，她也会总结自己的金句。当她有足够多的输出时，对书中的内容也会掌握得更加透彻，即使过了很久，她依旧记忆犹新。当她写出足够多的金句式读书笔记时，她会把这些笔记进行整合，从而轻松写出一篇书评。

4. "三环套月笔记法"

知名商业观察家何伊凡先生在《知行力》这本书中，提出了由知而行的一条路径，那就是"读、讲、写一元化训练"，即将读、讲、写视为一体，这样既是知，也是行，既是输入，也是输出。如果一个人同时拥有这三种能力，他也就拥有了由知到行的学习能力。何伊凡先生摸索出了专门适用于"读、讲、写一体化训练"的"三环套月笔记法"。

什么是"三环套月笔记法"呢？其实"三环"就是指案例、金句与知识点，也就是个人积累的写作或者演讲的素材，而"月"则是具体、灵活的应用。如果说案例是血肉，金句是肌肤，那么知识点就是筋骨。我们在平时就要注意对素材进行搜集与整理，不管是在什么场景中，都要把相关资料按照"三环套月笔记法"分类，方便随时取用。随着积累越来越多，量变引起质变，这些素材将为你的写作、演讲打下坚实的基础。

5. 做 PPT 笔记

在读书或学习之后，你可以通过做 PPT 笔记的方式进一步整理重点，这是一种非常炫酷的笔记方法。如果觉得做 PPT 太难，你可以直接从网上找 PPT 模板套用，这样你就不用费心研究如何做 PPT，只把精力放在整理笔记的重点内容上即可。这种方式虽然有些费时，但通过整理，你可以充分消化知识重点。你也可以将做完的 PPT 分享给大家，这是一种温暖利他的行为。

6. 五星笔记法

我是在混沌学园听课时第一次听到"五星笔记法"这个词的，当时是听成甲老师讲的。听完，我眼前一亮，没想到世界上还有这样的记笔记法！后来，成甲老师在《好好思考》一书中又对此进行了更为详细的说明。

所谓"五星笔记法"，就是每次在做笔记之前，先画一个五角星，每个角代表一个问题，一共 5 个问题，个人通过回答 5 个问题完成记笔记的过程，这是一种非常有创意、非常实用的方法（见图 5-5 ）。

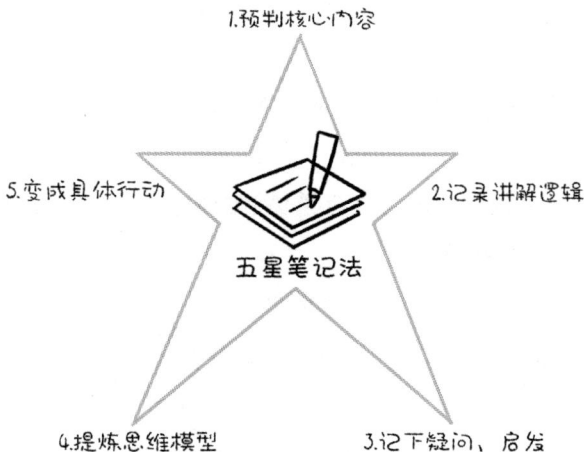

图 5-5 五星笔记法

为什么要这样记笔记呢？这个方法的核心原理是：别人说出来的东西，你就算记了下来，它也是别人的知识。只有将别人说出来的东西进行二次加工，融入自己的知识体系，把那些启发和收获与自己的经历、接下来的行动联系起来，才能真正提取知识的精华，学到一些东西。

⤷ 延伸阅读：五星笔记法中的 5 个问题

- 预判对方要讲的核心内容是什么，为什么这个内容值得讨论。

    在读书或者开会之前，你可以想想，如果你是作者或演讲人，会如何讨论这个主题？这样就很容易看出自己与大家思路的差别。

- 记录对方讲解的逻辑是什么。

    不仅要留心他说了什么，更要关注他讲述事情的核心逻辑。

- 在这次讨论中，你的疑问和启发分别是什么？

    你对对方讲的内容有疑问吗？他的想法有什么局限性吗？有哪些观点给了你很大启发？把所有令你灵光一现的启发点、疑问点及时记录下来，之后再花时间进行加工、分析。

- 对方的做法、想法或者给你的启发，可以被提炼为哪些有效策略（思维模型）？

    这个方法是解决什么问题的？这个策略为什么有效？这个策略的来源和依据是什么？我们要尽可能把获得的新启发点与自己过去学习过的其他原理联系起来，用新原理解释旧原理，这样能更深刻地理解所学知识。

- 这次讨论给我的启发，哪些可以被立刻变成下一步的行动？我如何把它们运用到自己的生活里？

这 5 个问题就是五星笔记法的核心内容。

行动时刻

以上6种记笔记方法，你打算选择哪一种？

可以试着用这种方式，先练习记录一下本节内容。

_____

_____

_____

同时要注意，在做完笔记之后，最好当天立即整理一下自己的笔记，这样可以帮助你更有效地记住信息，同时，要及时补充你在做笔记时所遗漏的内容。

以上就是常用的6大高效笔记方法。没有记录，就没有发生。在《受用一生的高效笔记术》中，作者水晶老师提到："笔记能力是人生发展必备的底层能力，拥有笔记能力能让你成长的步伐更加踏实和自信。"

第三节　视觉化笔记：把知识画成知识卡片

目前，知识卡片越来越受欢迎，其主要用于知识的可视化表达和传播。用视觉笔记绘制知识卡片，可以帮你加深对知识的记忆，发散思维，因而很多人爱上了这种记笔记的形式。

视觉笔记的绘制方式不像画画那么难，它比较简单，也容易上手，只要你敢于表达，有足够的想象能力与创造能力，便能画出完美的视觉笔记。

先给大家解释一下什么是视觉笔记。

视觉笔记是将输入的内容进行归纳、整理后进行视觉化输出的一种表达方式。简单来说就是把看到的、听到的知识内容，输出为以图像和文字相结合的笔记形式。

图 5-6 是格格读书营的七崽同学在听完一场直播分享后，将所听内容用视觉笔记形式画出来的知识卡片。她先把关键词记录下来，再把关键词转换为图文形式，从而使知识更加生动，使自己的记忆更加深刻。

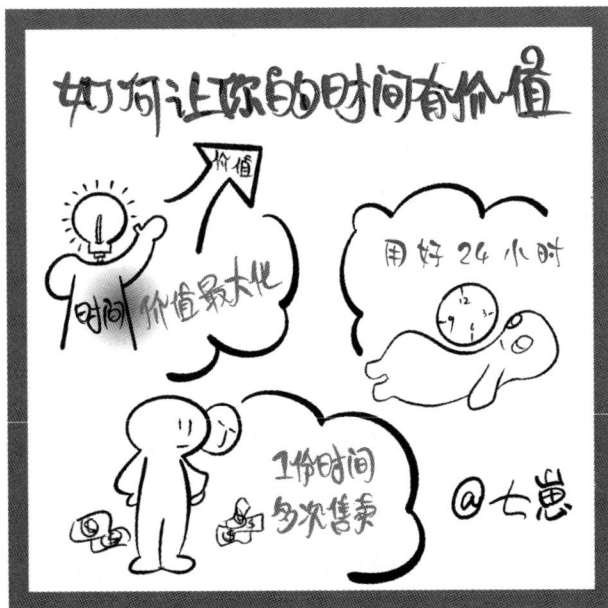

图 5-6　知识卡片

接下来分别讲一下视觉笔记带来的收获、如何学习视觉笔记及记录视觉笔记的要点。

视觉笔记带来的收获

1. 促进记忆

视觉笔记有助于记忆知识，在我们的大脑中，有 1/3 的神经元是被用来处理视觉信息的，有 1/3 的神经元同时处理视觉和其他感官信息，最后 1/3 的神经元处理剩下的各类信息。和文字识别以及语音交流相比，视觉信息的功能更强大。因为有了图像信息的加入，视觉笔记可以让我们更充分地利用大脑，更好地理解所学知识内容。

2. 梳理逻辑

以前我们习惯的线性笔记大多是文字的堆砌，我们一记就是好几大篇，笔记翻到哪里"长"得都差不多，使人很难一下子识别知识的结构和重点。

视觉笔记通常在一张图内呈现，在记录时我们要进行信息提炼，思考构图方案，运用图形框、引导线等元素梳理笔记的逻辑关系，使重点信息和知识点间的内在联系一目了然。

视觉笔记使得信息有了形状，杂乱繁多的信息经过分类、分层，会变得结构清晰、重点突出。

3. 使人爱上学习

或许是上学时的死记硬背让人不太愉快，在很多人的心里，复习笔记是一件枯燥且痛苦的事情。但视觉笔记因为加入了图像，形式轻松有趣，可以让复习的过程充满乐趣。

我的很多朋友都会保存视觉化的知识卡片帮助自己复习知识。现在，很多孩子也开始用视觉化的方式记笔记。可见，视觉笔记不仅能够提升成人的学习乐趣，还可以激发孩子的学习热情。

拿我们平时看书拆解来讲，很多时候我们记不住看过的书，感觉看了和没看一样，这时候就可以用视觉笔记对书籍内容进行提炼整理，将其绘制成知识卡片以帮助记忆。这样我们一看到卡片，就能想起书中的重要知识点。

记录视觉笔记的要点

1. 清晰地进行结构化表达

清晰地进行结构化表达是记录视觉笔记的基础之一，以下方法可以帮你快速抓取信息层级与关键词。

（1）善用书本的目录。看书的时候，先看看目录，明确全书脉络，也可以根据文章的小标题抓取信息层级。

（2）寻找书中总结性的语句与关键词。通常，每本书都会有一些总结性的语句，它们可以帮你提取关键词。

（3）重点看书中加粗或画线的内容。有时，书中会有一些加粗或画线的内容，它们通常是全书重点，会有重点信息提示。

（4）有选择性地记录书中的案例。有些书的案例可能特别打动你，如果你想在知识卡片中呈现它们的话，可以将其记录下来。

（5）记下触动自己的点。如果书的某个点特别触动你，你也可以将其记录下来。

2. 重视视觉流线与排版

我们在绘制视觉笔记时也要注意"视觉流线"（见图5-7）。视觉流线就如作文的小标题一样，告诉受众第一点在哪里，第二点在哪里，接下来该看哪里，对阅读起到了引导作用。

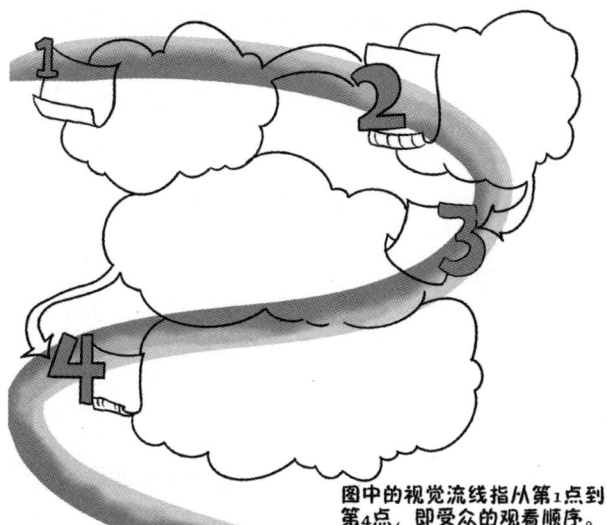

图中的视觉流线指从第1点到第4点，即受众的观看顺序。

图 5-7　视觉流线

当然，我们也要根据书的内容、结构选择构图方式，在绘制的时候不要为了构图而构图，我们可以根据自己所拆解的内容构图，等完全掌握全书内容以后再设计更多样的构图方式。

3. 明确画笔记的步骤

画笔记的步骤如图 5-8 所示。

第一步：梳理信息。

先确定视觉笔记将要记录的内容，把内容用思维导图的形式梳理出来。

第二步：构图规划。

根据内容，为笔记规划合适的版式。

第三步：写大标题。

标题是视觉笔记的核心，标题一定要突出。你可以通过加粗、加大字体、用飘带把主题文字框起来等方式强调标题。

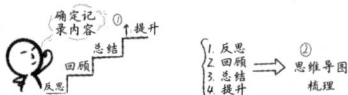

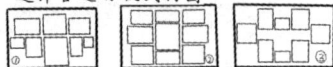

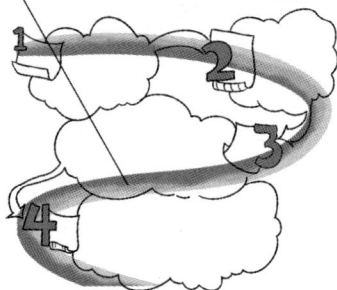

图 5-8　画笔记的步骤

第四步：记录文字。

把用思维导图梳理出的重点信息记录下来，在记录时注意，对应思维导图，将文字分成区块，每一个区块有一个小标题。另外，文字要有层次感，注意文字大小的变化，遵循主标题最大、二级标题次之、内容文字更次的原则。

第五步：绘制图像。

你可以配合每一部分的文字信息，画一些自己能够联想到的图形元素，以便更好地理解和记忆知识。画图不是简单地将文字信息转化为图标，而是为了呈现我们头脑中的画面，初学者如果暂时想不到合适的图像，不画图也没关系，用图形框做好分区即可。

特别提醒：记录文字和绘制图像的步骤可以交错进行。

第六步：绘制视觉流线。

构建整体的视觉流线，用图形框把表达同一内容的信息综合在一起，为视觉笔记分区。然后用箭头或简单的线条等方式画出引导线，引导人们按照指向阅读。

第七步：添加颜色。

颜色主要起到强调重点的作用，人们通常会选择给标题、重要信息涂上背景色块，并为一些图形元素上色。建议初学者不要使用太多颜色，会使画面看起来较乱，使用 2 ~ 3 种颜色即可。

有些人刚开始接触视觉笔记，觉得画图方面有点难。其实视觉笔记很多时候是由生活中的小元素组成的，我们平时可以多练习绘制一些日常视觉小元素（见图 5-9）。

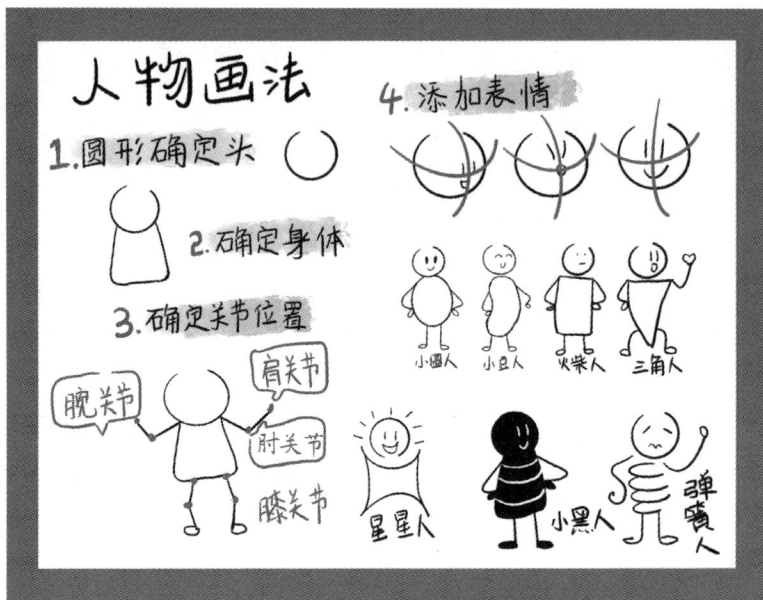

图 5-9　日常视觉小元素

　　在我们掌握了这些基本元素的画法之后，就要多多尝试，将其组合成更多的表达形式。多加练习，相信自己，敢于表达，你将成长得越来越快。

　　格格读书营的七崽是在 2020 年与视觉笔记结缘的。她是在刷朋友圈的时候偶然接触到视觉笔记，当时她觉得很有趣，从此，她在画视觉笔记的路上不断摸索。她一看到自己画出的一张张视觉知识卡片，就能清晰地知道它们讲的是什么，对知识的记忆也更加深刻。由于有着优秀的插画水平，她还成为《榨书》一书的插画师，正式出版了自己的作品。

　　视觉笔记不是人人都必须掌握的硬核技能，但希望它能为你的记笔记之路打开一扇全新的大门。有缘的人，自会推门而入，感受到视觉笔记的神奇力量！

第四节　聪明地做笔记：卡片笔记写作法

你听说过卢曼（Luhmann）吗？德国的卢曼被称为"当代黑格尔（Hegel）"，是百年一遇的大师。作为 20 世纪社会理论界的一颗明星，卢曼以其辉煌的作品推动了整个 20 世纪下半叶西方当代社会理论的发展进程。

在长达 30 多年的研究过程中，卢曼以学术高产而著称。他的写作方式别具一格，他 37 岁才投身学术界，只用了一年时间获得了在德国很难获得的博士学位。他生前出版了 58 本书，发表了数百篇文章。他的作品《社会的社会》《社会中的艺术》等都成为影响深远的新经典。

为什么卢曼如此高产？德国社会学家约翰内斯·施密特（Johannes Schmidt）对此专门做了大量研究，发现卢曼的生产力源于他的"卡片笔记写作法"。

卢曼原本只是一位朝九晚五的公务员，和大部分人一样，他平时回到家就读一读自己喜欢的书，就连做笔记的方式也和大部分人差不多。但是，他改变了自己记笔记的方式——他把笔记写到卡片上，然后专门将卡片放到一个卡片盒里，让原本孤立的知识点之间形成联系，形成一个思考结果集，从而打造了一个专属于自己的写作知识系统。

卢曼共积累了 9 万张知识卡片，一生写了 58 本书和上百篇论文。卢曼的卡片笔记法的妙处在于，它使知识积累变得更方便。

通过卡片之间的连接，我们可以将系统中的所有想法联系起来，并在一组主索引中总结这些概念。通过整理卡片，我们能直接完成一篇文章。身为普通人，我们即使不一定著作等身，但也一定不会再为写作发愁。

卢曼发明的这个卡片盒，就像我们现在经常使用的笔记软件。事实上，很多笔记软件也是受到了卢曼的启发诞生的。刘少楠就是因为读了这本书受到启发，和老友再次走上创业的道路，开发出卡片笔记软件——"浮墨笔记"。

《卡片笔记写作法》对卢曼的笔记法进行了详细介绍，笔记共被分成闪念笔记、文献笔记、永久笔记、项目笔记4类。

（1）**闪念笔记**。这类笔记只是对收集信息起提醒作用。闪念笔记不会被长期保存，用户可以用任何一种方式记笔记，最后笔记会在一两天内被扔进垃圾桶。用户在写闪念笔记时，无须讲究文采，也无须深入思考，重点是及时把念头、想法记录下来。

（2）**文献笔记**。我们记录文献笔记，主要是为了清楚地记录文献原文和出处，便于后期写作时引用。同时，我们也可以利用文献笔记思考，产生新的想法，写出新的闪念笔记，最终将其转化成永久笔记。

（3）**永久笔记**。永久笔记，顾名思义，就是记下一些必要的信息，并且永远不会删掉它。它们被存放在固定的地方，设置统一的标准和格式，便于后续检索。永久笔记有上下文、索引，有来自哪本书的介绍，它不但包含原文，还包含记录者自己的思考。其中一些笔记，会成为个人想法和思路的连接点，会在后续的创作中成为灵感的源泉，而不只是一个思想或者观点的备忘录。

（4）**项目笔记**。项目笔记只与某一特定项目有关，被保存在特定项目的文件夹内，用户在项目结束后即可丢弃或存档。比如，我自己在运营不同时间段的读书营时，都是分门别类建立文档，以便对其进行管理。

卢曼卡片笔记更适合非虚构类写作，比如帮助学生、学者、老师写论文等，它也可以帮助普通人写工作相关的文章。

很多作家都有写卡片笔记的习惯。纳博科夫（Nabokov）、梅棹忠夫（Tadao Umesao）、姚雪垠等，都是卡片笔记写作法的忠实拥趸。他们和卢曼一样，都认为写卡片不是简单地摘抄书中的内容，而是通过思考，重述书中的内容。

那么，人们如何才能发挥卡片笔记的威力呢？答案在于善用"关联"法。

为了从容面对写作中出现的各种问题，我们必须对拟定的主题进行深入思考。通常来讲，为了确定一个写作主题，我们需要做大量主题阅读，而读什么内容也不应该是随便决定的，为了对读什么、写什么做出正确决策，我们必须有一个主题领域的知识体系做支撑。

写卡片笔记，并把笔记装进盒子里，就是搭建知识体系的具体方法，正如刘少楠老师所讲："从一张卡片开始，积累知识的复利。"

然而，仅仅是机械式地积累，是远远不够的。如果没有思考，没有让记录在不同卡片上的知识点产生化学反应，产生新的想法和知识，我们积累的知识就不会产生复利，我们顶多算建立了一个储物间，然后在里面堆满了知识卡片，而这些卡片仅仅是一些碎片化的知识，它们不经整合则毫无意义。

所以，《卡片笔记写作法》的作者在书中再三强调，知识卡片之间必须有关联。通过关联，我们可以让不同知识连接起来，使它们重新整合、深度融合，带来新的想法和知识。

《卡片笔记写作法》专门提到了知识的"存储和提取"概念，存储就是写卡片笔记，而不是把知识记到脑子里，相比单单用脑子记住知识，我们这么聪明的大脑应该被用来思考，而不是做简单而枯燥的记忆工作；况且，知道在哪里找到知识相对更加重要。

《卡片笔记写作法》专门针对不同的记忆提取场景提出了建立索引的概念。书中指出，卢曼本人经常使用的索引可以被分为以下 4 类。

第一类是主题索引。当对某个主题的内容有了比较丰富的积累，卢曼会做一张主题索引卡，汇集所有相关笔记的编码或者链接，他会为每条笔记提供一个关键词，相当于为进入主题内提供了入口。

第二类是主题概览索引。类似于主题索引，但这种索引不只包含某个特定主题，重点是针对盒子中相邻位置的卡片做主题索引记录，它相当于盒子的目录。

第三类是当前卡片索引。重点是标记这条笔记在整个笔记链中的逻辑顺序，本条笔记的前一条笔记是什么，后一条笔记是什么，卡片之间具体的存放位置并不一定是紧挨着的。我们在写笔记时，也不一定按时间顺序写同类的主题笔记，也许今天写了关于如何养狗的内容，中间穿插很多关于读书的内容，某天又突然写了关于养狗的内容。不过，现在有"浮墨笔记"这类笔记软件，会帮我们按标签为笔记归类，直接设置标签就可以了。

第四类是连接笔记。主要功能是标记笔记与笔记之间的连接，在具体应用中，我们可以随便从卡片盒中抽出两条笔记，它们也许并不存在任何关系，但通过关联，我们可以产生新的想法和创意。我们可以随便抽取几条笔记，随便写下几个关键词，开始头脑风暴，把不同的笔记内容、词语或者事物关联到一起，这样会产生很多有价值的创作灵感。

通过这些关联操作，我们能更好地对卡片内容进行组合、拼接、提取，从而产生更高质量的内容。《写作公式》一书的作者释若老师是一名写作教练，在写作方面有自己的一套高效方法论，许多人通过跟他学习实现了写作变现。他在阅读《卡片笔记写作法》以后，表示收获巨大。他在实践"卡片笔记法"后的第一周，就很轻松地写出了 2 篇书评、1 次课程分享稿。他的一位学员称，用这个方法写作，他写了 10 篇平均每篇 1200 字的读书笔记，写出了 6000 多字的书评，且每篇只花了 30 分钟。

卢曼的卡片盒里有 9 万条笔记，这听起来是一个非常庞大的数字，但这仅仅意味着，从他开始使用卡片盒工作的那天起，一直到他去世，他每天只需要写 6 条笔记。

没有人完全从零开始写作，如果你也觉得写作困难、无从下笔，那么不妨从写卡片笔记开始吧，你收集的想法、观点、阅读心得都是你的素材。当它们汇总到了一起，再遇到合适的题目，论点和论据就会自然而然地从材料中涌现出来。

卢曼说："不写，就无法思考。"从本质上讲，卡片笔记写作法不是一种"技巧"，而是一个"系统"，一种存储和组织知识、扩展记忆以及生成新连接和想法的系统。人们运用"卡片笔记写作法"来记笔记，能最大化地促进知识的输入、吸收与输出，并用它助力构建自己的个人知识体系。

本章知识盘点

1. 收获：本章最重要的 3 点收获

收获 1：＿＿＿＿＿＿＿＿＿＿＿＿＿＿＿＿＿＿＿＿＿

收获 2：＿＿＿＿＿＿＿＿＿＿＿＿＿＿＿＿＿＿＿＿＿

收获 3：＿＿＿＿＿＿＿＿＿＿＿＿＿＿＿＿＿＿＿＿＿

2. 金句：本章最打动你的 3 个金句

金句 1：＿＿＿＿＿＿＿＿＿＿＿＿＿＿＿＿＿＿＿＿＿

金句 2：＿＿＿＿＿＿＿＿＿＿＿＿＿＿＿＿＿＿＿＿＿

金句 3：＿＿＿＿＿＿＿＿＿＿＿＿＿＿＿＿＿＿＿＿＿

3. 输出：你将以哪种方式输出本章所学

输出 1：＿＿＿＿＿＿＿＿＿＿＿＿＿＿＿＿＿＿＿＿＿

输出 2：＿＿＿＿＿＿＿＿＿＿＿＿＿＿＿＿＿＿＿＿＿

输出 3：＿＿＿＿＿＿＿＿＿＿＿＿＿＿＿＿＿＿＿＿＿

4. 行动：读完本章，你计划采取什么行动

行动 1：＿＿＿＿＿＿＿＿＿＿＿＿＿＿＿＿＿＿＿＿＿

行动 2：＿＿＿＿＿＿＿＿＿＿＿＿＿＿＿＿＿＿＿＿＿

行动 3：＿＿＿＿＿＿＿＿＿＿＿＿＿＿＿＿＿＿＿＿＿

第六章

知识输出，
在分享中精进自己

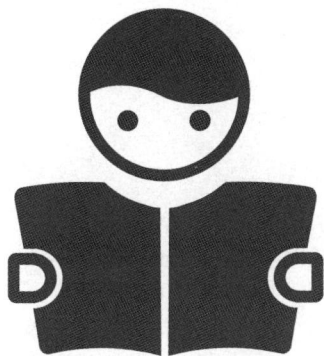

个人知识管理的第五步是知识输出。只输入不输出，是一种假性努力，更是一种对知识的浪费。知识输出既能鞭策个人更好地输入知识，也是一种对知识输入成果的检验。不少人就是在知识输出的道路上实现了变现，提高了个人影响力。

第一节　用输出开启向外成长之路

你是不是一直很努力，却总是看不到希望？某年某月某天，你突然下定决心要改变自己。于是，你早起、跑步、读书，买了很多网课、报了很多训练营。刚开始时，你动力满满，但很快就发现，你既没变现，也没取得实质性进步。你看不到努力的意义，怀疑自己到底要不要坚持下去……如果你也是这样，那么你并不孤单，这其实是一个常见的"成长陷阱"。

避免落入"成长陷阱"

很多人身陷"成长陷阱"而不自知，"成长陷阱"，即一直以来你都在享受自己努力奋斗的状态，少有对外产出作品的意识。

一直以来，你都是围绕"自身"参加各种活动，比如早起、跑步、读书、听网课……这些都是向内成长，注重于输入和习惯培养。

你忽视了向外成长，即参加写作、录视频、线下分享、线上直播等活动，你没有意识到要对外输出和打造技能。

习惯培养确实能让你成为更好的自己，但如果你能在向外成长上投入更多，培养技能、产出作品，你就能参与社会价值体系的循环。由此，你会得到各种正向反馈，感觉到自己被认可、被鼓励、被需要，甚至会实现变现，会有好的工作或合作机会来主动找你。

只有在向外成长的输出中，你才会感受到努力的意义，并乐此不疲地努力下去。周岭老师就是成功实现向外成长的典范。在他 36 岁那年，由于朋友的生活发生变故，他的成长意识被唤醒。于是，他告别了下班就看八卦、玩游戏、聚会喝酒的状态，开始涉猎各个学科的知识，去探索正确的成长路径。他从写反思日记开始持续写作，最终成为畅销书作家，著有《认知觉醒》，后又出版该书的姊妹篇《认知驱动》。

周岭老师就是在对外输出他的写作价值时，感受到被认可、被需要，从而改写了人生。

如何拥有输出作品的力量

说到对外输出、产出作品，很多人都觉得太难了，现在积累得还不够。其实，所有的困难只存在于你的想象之中。

对普通人来讲，想拥有产出作品、进行创造的力量，可以从以下 3 个方面着手做起。

1. 要有输出意识

之前，你可能身处成长陷阱而不自知。那么，从此刻开始，你就要拥有输出意识，付出有效努力。

不要一味沉迷于输入，而要兼顾输出。不管是读书、听课、看电影、追剧，还是和朋友聚会、参加线下活动等，都可以试着输出点什么。你可以写作、录短视频、做线上直播、做线下分享等，选择以任何你喜欢的方式输出。只有输出了，你才有可能被别人看见，获得反馈，拥有更多前进的力量。

输出是主动学习的有效方式。大多数人习惯于被动学习与被动思考，比如在学校时听老师的，工作以后听领导的。美国缅因州国家训练实验室发布了"学习金字塔"报告，称人的学习分为被动学习和主动学习两个层次（见图 6-1）。

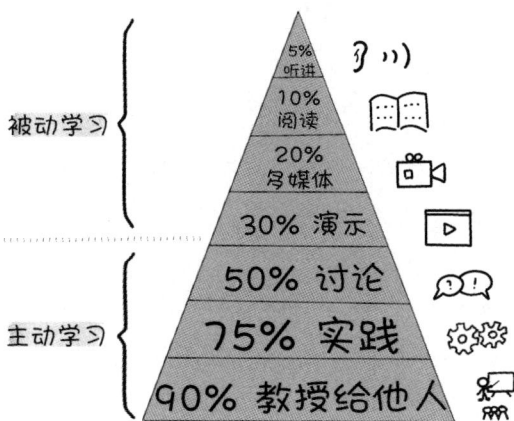

图 6-1 学习金字塔

被动学习：包括听讲、阅读、视听和演示，被动学习的知识留存率在 5% ～ 30%。

主动学习：包括讨论、实践、教授给他人，主动学习的知识留存率为 50% ～ 90%。

人们通过主动学习学到的知识的留存率远高于被动学习所学到的。当你带着输出任务输入，你会更加专注和用心；当你用输出倒逼输入，你学到的知识将真正被内化于心，只有你自己真正搞明白了，才可能清楚地对外输出。同时，你对知识的记忆也将更加牢固。

由此可知，真正的改变都是由内向外发生的，我们应该转变自己的学习方式，不再被动学习，开始主动学习，比如多和优秀的人讨论、亲身实践、把学到的知识教授给他人等。

2. 要有价值意识

有了输出之后，我们就要致力于提升作品的质量。有影响力的作品都有着核心的价值。这是一个内容泛滥的时代，若你想让自己的作品受欢迎，就要提升作品的价值。

周岭老师就是从写干货文章开始做起的。他的文章有知识、有深度，给人醍醐灌顶、受益匪浅之感，非常有价值。在微信公众号平均打开率为 2% ～ 5% 的今天，他的文章打开率始终在 20% ～ 30%，他的文章甚至还被"人民日报"官方微博等多家媒体争相转载。

也正是因为他坚持写有价值的文章，才成功出版了图书《认知觉醒》和《认知驱动》，这就是坚持输出价值的力量。

3. 要有反馈意识

在输出的过程中，你会收到各种反馈。读者的每一次留言、点赞，你都要认真对待，尤其是留言，一定要认真阅读。有认可和鼓励就有批评和指责，你要保持开放的心态，珍惜每一个反馈。借着别人的反馈迭代自己的作品，慢慢打磨作品。

当然，最有效的反馈来自负责的优秀老师，这位老师会指导你，给你鼓励，你会进步得更快。珍惜每一个反馈，它们会帮你成为更好的自己。

输出意识、价值意识和反馈意识，是周岭老师在《认知驱动》中送给你的 3 大创作神器。

用正确的方法输出

用正确的方法输出重点需要做到以下 3 点。

1. 克服输出焦虑

在输出的过程中，很多人会变得很焦虑。比如，发现视频数据太差，陷入数据焦虑；写的文章没有变现，陷入变现焦虑，这些都是受外在因素裹挟的表现。

焦虑是对情绪的消耗，当人们被焦虑淹没，就特别容易放弃。**在输出之路上，你需要有一个良好的心态，接受自己一开始的笨拙和挫败，甚至接受反复的失败。**千万不要在这些所谓的负面反馈中灰心丧气、自我怀疑，甚至自我放弃。不妨树立为自己的成长而输出的心态，这样即使没有鲜花和掌声，你也会坚持输出和成长。把收获的反馈和奖励都当作意外的惊喜，而不是必然和目标，从而持续输出作品。

2. 用精进之心输出

真正的成长是向内求，追求个人精进，把输出当成一种修行。在输出中，你会锻炼自己的书面表达能力，慢慢文笔变得流畅、妙笔生花；在输出中，你会锻炼口头表达能力，慢慢地表达流畅、口若悬河；在输出中，你会锻炼自己的逻辑思考能力，慢慢变得逻辑清晰、处事不慌；在输出中，你会改掉自卑与懦弱，慢慢变得勇敢自信、当仁不让。克服自己的懒惰，多多思考、坚持输出，本身便是一种精进之举。输出之路，也是你的自我修行之路。

3. 用利他之心输出

输出是给读者看的，为什么输出，出发点是什么，都很重要。为名、为利输出很正常，但你也可以换个角度，从利他角度来看输出，如果你能在输出时传递一些正能量和智慧，那就更好了。我们虽然不能说自己输出的都是智慧，但哪怕有一个人因你的输出而受益，受到了一点点的启发，一切也是有意义的。稻盛和夫在《心》中说"一切成功都归结于利他之心"，一想到自己的输出能帮助哪怕一个人，你的内心也将是非常欢喜的，你将觉得自己很幸福。

格格读书营的春雅同学就是一位利他型输出者。她有一位朋友，50 岁才拿起相机，用了近 10 年的时间加入中国摄影家协会，还多次在国内专业杂志上获奖。一次，她的朋友在家乡博物馆举办了以家乡风景为主题的摄影展，受到朋友的鼓励，春雅也想为朋友的展览助力。于是，她以朋友的励志摄影故事为素材，做了一条短视频，希望能有更多人欣赏朋友的作品。令她没想到的是，这条短视频竟然成为爆款。视频刚发出没多久，浏览量已经过万，点赞、转发多达几百条，有很多失去联系的同学、朋友、老同事、老领导在看到这条短视频之后，联系上了她的朋友，每天都有人从城市的各个角落赶过来观看摄影展。观展的人都觉得不虚此行，他们不仅受到摄影艺术的熏陶，还对她朋友的励志故事赞叹不已。整个过程，春雅一门心思地帮助朋友，不仅成就了他人，她自己也感到特别快乐，充满了成就感。

用输出打造个人品牌

随着移动互联网的普及，普通人也有了更多通过输出来展现自己的方式，打造出自己的个人品牌。即使你并不想成为网红，努力经营自己的个人小品牌也会为你带来意外惊喜和收获。

秋叶大叔说："首先，每一个不普通的人，都是从普通人起步的，今天的打工人，说不定就是明天的 IP 人，只有你想改变，命运才有机会与众不同。其次，即便是普通人，也应该思考如何打造自己的个人品牌，狭义的个人品牌指自己个人的知名度，但广义的个人品牌，是指在你身边圈子里，大家一提起你，就想到了你擅长做什么，或者拥有怎样的影响力。"

现在社会竞争激烈，拥有个人品牌的人更有可能迅速升职加薪，遇到更棒的工作，过上更有趣的生活，拥有更多机会，打开未来的无限可能，这也是输出之路上一件很美好的事情。

曾有人问我，从曾经的普通员工到现在的自由职业，你职业生涯发展的转折点是什么？其实，我的第一个转折点就是告别单纯的输入式读书，开启输出式读书，即写书评。从前，我痴迷于读书，满足于单纯输入式读书带来巨大进步的假象，掉进过过于追求向内成长、忽视向外成长的"成长陷阱"。幸好当时偶遇贵人，他点拨我，让我多读书、多写书评，我通过持续写书评，打破了一直以来独自读书的向内成长状态，开启向外成长之路。随后，我因坚持写书评、对外输出，有幸被领导发现写作能力不错，才从一名英语编辑转岗做了运营，开启个人成长之路。

行动时刻

请写出你的输出计划。

在这么多的输出方式中，你希望选择哪一项为成长突破口呢？为什么？

_____

_____

_____

总之，真正有效的成长应该是注重内外兼修的。应该练习从"习惯养成"到"技能培养"，从"对内输入"到"对外输出"，从成为"更好的人"到成为"更有价值的人"，这些将让我们走出低效努力、焦虑迷茫的怪圈。

希望从当下开始，你能树立创造意识、作品意识、价值意识、输出意识、反馈意识。学会用输出驱动自己，从而更快到达成长的彼岸。

第二节　如何进行写作输出

随着自媒体的兴起，很多人靠写作写出了影响力，从人群中脱颖而出，改写了自己的生活。

即使你无法靠写作走上人生巅峰，靠写作来输出，促进知识内化，也是每个普通人都可以做到的事。可以说，在多种输出方式之中，写作是门槛较低、比较容易的一件事。

对于普通人来讲，从小到大都在上的语文写作课，让我们觉得写作相对来说比较容易实现。但是有些人一想到写完的文章要被发布出来，就觉得压力很大，无从下手，不知道该写什么。尤其对长期输出的人来讲，写一两篇文章还相对容易，长期写下来就会觉得无话可写。这时，你可以从最简单的写书评做起，慢慢过渡到写不同类型的文章。

如何写好书评

先明确一下书评的定义。书评指读完书的人提炼书中的亮点并进行解读，读书评的人从书评中就能受益，而读后感一般侧重描述读书人自己的感触，是一种自我感情和观点的抒发。

1. 通过阅读发现亮点

书评并不是被凭空写出来的，若想写书评，需要先读书，你可以用"格格三遍读书法"来写书评（见图6-2）。这是我在写书评的过程中自己摸索出来的方法，通过这种方法，我已经写了近200篇书评了。

图 6-2 格格三遍读书法

第一遍读书：划出重点

你需要一边读书，一边思考，在读书时，你要用笔随手划出书中的重点。凡是你认为打动你的地方，都可以被称为重点。同时，你可以折页，提醒自己这里是重点的出处，这样方便你回看重点。我通常是用划线的方式直接划出重点，并用五角星标注书中的金句。

第二遍读书：提炼亮点

已划出的重点，你需要再读一次。我们并不需要把全书再读一次，而是再读一次你所折的书页上划出的重点。在读完第二遍时，你需要提炼书中最打动你的 3 个亮点，并保证将这 3 个亮点以有逻辑的方式呈现，从而梳理出整篇书评的大纲。

注意，书评并不需要你对全书进行解读，这样就相当于重写一遍书了。你只需要挑出 3 个亮点，针对打动你的知识点进行解读即可。

第三遍读书：写出书评

在你客观提炼书中的 3 个亮点后，就可以进行亮点解读并开始写书评了。这时，你需要第三次阅读这本书中你所挑出的 3 个亮点相关内容，在深度理解它们之后，进行写作。

2. 写书评的格式、要点

根据阅读推广人鼹鼠的土豆老师所讲，写书评的格式、要点主要体现在破题、引题、逻辑主线、亮点解读、立意总结几个方面。

破题，就是打开文章的局面，写一个吸引读者的开头。你可以从书里找素材，也可以写与本书相关的素材。

引题，就是引入书的主题，在这个环节你要明确书名和图书封面。书名被分为主书名和副书名，主书名不能简写，多一个字、少一个字都不是这本书。举个例子，《榨书：主动成长的高回报读书法》的主书名是"榨书"，副书名则是"主动成长的高回报读书法"。

在引题里，你可以阐述自己书评的主题，也可以阐述书的主题，比如这本书写的是什么，或者你写的书评要重点讨论什么。关于书的主题，你可以上网参考豆瓣上关于该书的"内容简介"部分，再结合自己对书的理解，将其用自己的语言表达出来。注意不要照抄网上的原话。

关于图书的封面，你可以上豆瓣网，搜索该书名，直接点击该书的封面图，就会得到高清大图，然后直接保存封面即可使用。当然，你也可以自己用手机给书拍照。

逻辑主线，它可以是书评主线，也可以是书的主线。这部分也可以说是整个书评的全文概况，相当于我们出门时看到的路标，我们通过它会知道整篇书评要讲什么，要做到心中有数。

亮点解读，一般是选择 3 点，你可以先写小标题，然后将亮点分开进行解读。注意，小标题通常应用 1、2、3 这样的数字列出，让读者在阅读时更加轻松。

立意总结，立意总结就是结尾要总结文章主旨，在这里你要重新提到书，有的读者读到最后可能会忘了这是什么书的书评。

按照这样的格式，你就能写出一篇书评了。如果你平时特别忙，可用于写作的时间太少，可以利用语音的形式来助力写作。在读书后，按照书评格式，先用"讯飞语音"等软件，把你想要表达的说出来，随后用软件将语音转化为文字，再将文字整理优化，就能高效地写出一篇书评了。格格读书会的谢颉同学是一名培训师，口头表达是她的强项，但她在写作时却总觉得无从下笔。她利用了自己口头表达的优势，通过语音转文字的方式将文字记录下来，从而轻松开启写作之路。

3. 新手写书评注意事项

我在给学员点评作业时，发现新手的书评通常有各种问题。我把这些问题总结了一下。你可以在写完书评之后，对照着这张"新手写书评检查清单"（见图 6-3）进行自我检查，以修改你的书评。如果检查后没有发现问题，可以再将文章发布到各大平台。

书名 + 作者：全文至少应出现 3 次，它们通常分布在书评的开头、中间、结尾。

不要照抄：好多人最开始写书评时，觉得无从下手，就不自觉地照抄原文了，如果你照抄了全文，那叫书摘，不叫书评。

不要求全：放弃求全，即放弃要给整本书写书评的心理，你只须把书中最打动你的 3 个亮点按逻辑梳理清晰，再将其解读明白就行。

检查事项	完成请打"√"
书名＋作者，应出现 3 次	
不要照抄	
不要求全，分 3 点论述	
要讲故事，1 点配 1 个故事	
要有金句	
要有美图，配 3 张图	
注意标题，引发好奇	
注意价值，对人有用	
全文字数，在 2000 字左右	
多平台发布	

图 6-3　新手写书评检查清单

要讲故事：在解读亮点时，你不能写得太干了，如果你写的全是干货的话，别人根本看不进去，要学会讲故事。大家都爱听故事，通过故事来论证观点，会让你的文章更加丰满、打动人心。你可以写你自己的故事、你朋友的故事，也可以引用书中的故事。实在想不到故事的话，你可以用关键词搜索相关素材获取灵感。

要有金句：好文章通常都有金句，金句能引发人们的共鸣，更利于文章的传播。金句可以是书中的金句，可以是你原创的金句，也可以是你引用他人的金句，网络上有很多金句，你用关键词搜索一下即可找到。

要有美图：书评中，通常要有 3 张图片，注意风格一致，并且应至少有一张图书的封面图（豆瓣网上就有很多封面图），在使用图片时，还应注意版权问题，避免侵权。

注意标题：好的标题，才让人有点开文章的欲望，你需要给你的书评起一个引发好奇的标题，不要用"××书评"这种标题，这样过于死板了。

注意价值：新手通常容易将书评写成日记体，我见过一些女性写作者，不管看什么类型的书，都会把书评写成育儿文。在写作时，你要考虑一下读者是否也和你一样，想看育儿类文章，要抱着用户思维，想一想文章该怎么写才对别人有用、更有价值，而不要沉浸在自己的个人情绪或者小世界里。

全文字数：一般在 1500 ～ 2500 字，太少则无法充分论述，太多则读者耐心有限，很难认真读完全文。

多平台发布：下面我将重点介绍一下如何在"豆瓣"平台上发布书评，通常用电脑操作会比较方便，当然，你也可以下载手机 App，随时登录查看。

- **登录豆瓣**。先找到豆瓣网站，搜索书名，找到目标书，点开它的图书页面。
- **写出长评**。点开图书页面，点"写书评"，把你的文字复制过去，这便是"长书评"。
- **写出短评**。点开图书页面，点"读过"会让你给某书打星，并写出简单的理由。这时你可以写一句话或几句话的短评，这就是"短书评"。
- **发出笔记**。点开图书页面，点"我来写笔记"，便可以分享你的读书笔记。

关于如何在其他平台上发布内容，后面我会进行详细介绍。

持续写作输出的 4 点建议

在写出书评后，很多人希望继续提高自己，对此我有以下 4 点建议。

提高方法。想提高自己的话，通常有 3 种方法。方法一非常简单，你可以直接去豆瓣网，查看豆瓣网上排名靠前的书评，向高手学习。方法二，如果愿意，你也可以报一个写作课，跟着老师系统地学习，现在有多种课程供你选择。方法三，进行写作方面的主题阅读，通常读 10 本书即可，通过读书你会发现，其实大部分所谓的写作课的内容也来自书本。

持续阅读。有人曾说，**为了写作，一个作家要将绝大部分时间花在阅读上，一个人要翻遍半个图书馆才能写成一本书**。高质量的写作输出离不开大量的阅读积累。一个人只有养成阅读的好习惯，找到自己的读书节奏，才能持续为写作补充养料，做到妙笔生花。

刻意练习。如果你希望在写作方面有所发展，甚至变现，建议你设立一个写作小目标，进行刻意练习。比如，一个月读 4 本书，写 4 篇书评。一个人若是没有目标，将非常容易懈怠，写着写着，可能就没有动力，自己先放弃了。只有目标明确地不断练习，你才会把握节奏，越写越好。

点评反馈。很多人独自写作很久，都没有太多的进步，因而灰心丧气，想要放弃。如果你想进步得更快，最好有负责任的老师给你反馈、指导，这样你才能认识问题所在，而不是一个人原地踏步。这也是我一直坚持亲自为我的读书营和短视频讲书营的学员点评作业的原因，只有高质量的及时反馈和温暖的鼓励，才能让学员进步得更快、走得更远。

《写作公式》的作者释若老师，就是从写书评开始做起，最终凭借写作改写了自己的人生。他从 2017 年年底开始接触自媒体写作。2018 年，他开始给读书平台投稿，结果石沉大海。但是他没有放弃，坚持向厉害的人学习，以写书评为切入点积累知识，拆解了100 余篇优质的讲书类稿件，坚持做模仿练习，半年后终于成为多平台签约作者。在阅读了大量阅读和写作技巧类图书后，他结合自己的读书写作实践，总结了一个万能写作公式——"阅读理解＋旁征博引＋原创金句"，并开办写作训练营，把收费社群做得风生水起。但是，他又在社群办得最火热的时刻停了下来，他说要把自己的写作心得写成一本书。朋友们都劝他不要写书，因为市面上的写作类图书琳琅满目，他又不是名人，还不如趁着热度多办几期训练营。他却说："市面上有很多优秀的写作类图书，但是那些都不是我写的呀！"于是，他于 2021 年出版了畅销书《写作公式》，并成为签约写作教练，从此各类知名自媒体平台都向他抛出橄榄枝。

行动时刻

请列出你的写作计划。

你平均多长时间写一篇文章？内容是什么方向的？每篇文章有多少字？是于什么时间、地点而写成的？

_____

_____

_____

当你学会了写书评，便可以慢慢接触其他领域，甚至可以写书。我也是从写书评开始慢慢练习的，最后出版了图书《榨书》。在用文字影响他人的同时，也希望你可以被更多人看见。

第三节　如何进行演讲输出

对于普通人来讲，演讲是一种较为常用的对外输出方式。

正确认识演讲的价值

演讲是一项实用的表达与沟通技能。对于普通人而言，演讲意味着在公开场合讲话，比如在工作中做汇报、进行产品展示、销售、面试等，还比如在生活中进行以表达感谢、说服、安慰等为目的的各种沟通。

演讲还是一种重要的学习方式。"费曼学习法"是世界上公认的效率最高的学习方法之一。它由美国物理学家理查德·费曼（Richard Feynman）总结而成。费曼 24 岁就获得了物理学博士学位，1965 年获得了诺贝尔物理学奖。费曼有一种特殊功能，他能用简单的语言把复杂的观点表述出来。费曼学习法，从通俗意义上来看非常简单，其核心就是：用转述的方法巩固自己所学的知识。个人进行演讲，就是在运用"费曼学习法"。你的每一次演讲，都是一个对自己的知识进行梳理的过程，在这个过程中，你需要彻底消化吸收知识，才能清晰地将其转述出去。这是一个用输出带动输入的过程。用亚里士多德（Aristotle）的话来描述，即"讲授是最高形式的理解"，准备演讲和表达的过程，就是进行有效学习的过程。

演讲还能扩大一个人的个人影响力。你在公司分享知识会为你的职场表现加分，帮你悄悄赢得升职加薪的机会。如果你在公司外的线下活动中分享知识，那么你可以链接到同频伙伴，也许还会得到意外的合作机会，甚至新的工作机会。

在《演讲的逻辑》一书中，作者认为，喜欢演讲和分享的人会将自己从书里学到的东西讲给别人听，以影响别人，提升自己，通过与人交流进行更多思考；为了讲得更好，他们会进行更多阅读和整理……这样一个正反馈循环，能让人真正体会到演讲的乐趣和学习的乐趣。

培养演讲的 3 大能力

"一言之辩重于九鼎之宝，三寸之舌强于百万之师。"如果想在公开场合自信从容、侃侃而谈，你需要具备演讲 3 大能力（见图 6-4）。

图 6-4 演讲 3 大能力

1. 语言表现能力

需要注意，我提到的是"语言表现能力"，而不是"语言表达能力"。语言表达能力主要是指对语言本身的表达，它更多地关注一个人的语言流利程度。通常，你只要在正式演讲前对着稿子多念几次，熟悉演讲内容，就没什么问题了。

语言表现能力是一种更加全面的能力，它也指大家所说的"气场"。它包括你在线下分享时，面对听众所表现出来的语音语调、肢体动作、面部表情、形象气质等。它是一个人综合能力的体现，并非一日之功，需要经过大量刻意练习而习得。

2. 制作 PPT 能力

在正式演讲时，你还需要一个"高大上"的 PPT。你的 PPT，关系到你"演讲这台戏"的呈现效果，此时你就是自己的导演。

要想做出高大上的 PPT，你并不需要专门学习相应技能，有一个神器可以帮你轻松搞定 PPT，即 PPT 模板。现在有很多网站会提供 PPT 模板供用户下载，在举办重要活动时，主办方也会提供指定的模板或提出风格方面的要求，你照做即可。

在有了 PPT 模板之后，你再对照演讲稿或演讲大纲，在 PPT 上填充文字。另外，你可以加入一些图片、动画、视频，让演讲的效果更好。

在正式演讲之前，你还需要对照 PPT 进行练习。这样做，一方面是为了防止你在正式演讲时太过紧张以至于忘词，另一方面，你可以通过练习计算演讲所用时间。正式的演讲都有时间限制，新手通常容易超时。所以在正式演讲前，一定要对着 PPT 进行计时练习。

3. 讲稿组织能力

要想演讲，你需要一份讲稿。这就类似于在拍电影前你需要一个剧本，你就是自己的编剧。

演讲稿是演讲效果的核心，上一节讲的与写作输出有关的内容可以帮你写出一份合格的演讲稿。

不过，实际演讲并不是时时需要演讲稿的。比如在平时演讲，便不需要写出演讲稿，列出提纲、梳理清演讲思路即可。

4 大方法提高演讲能力

所谓"台上一分钟，台下十年功"，想拥有良好的语言表现能力并非易事。如果直接进行线下演讲，很多人会紧张、害怕，甚至不敢上台，因此，本书特提供 4 大方法，帮助你慢慢拥有上台的能力和信心。

方法一：跟随高手，模仿高手

最简单的方法就是去看高手的演讲，你可以试着模仿他的语音语调、肢体动作、面部表情等。比如，你可以搜索樊登老师的演讲视频。在模仿中，你会渐渐找到自己的风格。你还可以到活动现场感受一下氛围，看看别人是如何驾驭全场的。

方法二：线上分享，积累经验

一开始就挑战线下分享对演讲小白来讲真的有点难。你可以先从最简单的方法开始练习，进行线上分享。

线上分享很简单，你可以先写出演讲稿，然后将其分享至某个微信群。注意，这里的分享是照着稿子念。而且，即使念错了也没关系，完全可以把信息撤回，不用担心丢人。

不要觉得这件事简单，我最开始就是这么练习演讲的。我还记得在最开始分享时，即使我已经提前把分享稿修改并熟读了许多遍，到了说话时还是会紧张地发抖。那时，我不仅声音是颤抖的，就连拿着稿子的手也跟着抖个不停。但是，通过一次次的线上分享，我也在不断积累经验，最终成功克服了对演讲这件事的紧张和恐惧，找到了演讲的状态。

方法三：录制视频，刻意练习

在拥有了线上语音分享的经验后，你可以继续进阶，通过用手机录制视频的方式刻意练习。很多人在面对镜头录视频时会紧张，可以从每天录制 1 分钟的视频开始练习。录制 1 分钟的视频听起来似乎是一件小事，可如果真的坚持下来，量变将会带来质变，效果仍会超出期待

在录制视频以后，你可以自己挑毛病，也可以让周围的小伙伴们提意见。收到反馈，你会进步得更快。这是很多高手在提升演讲能力时都用到的方法。

方法四：线下分享，千锤百炼

在经过录制视频的刻意练习后，你会变得更有底气，这时你就可以挑战线下演讲分享了。线下分享确实是有些难度的。面对一排排活生生的观众，你可能会紧张、哆嗦，甚至可能忘词。这些都很正常。为了在线下分享时表现得更好，一方面，你需要做好 PPT，它相当于现场提词器；另一方面，你需要在正式出场前反复进行计时的演练，这样才能在真正分享时更有底气。

这样拆解之后，你会发现，演讲真不是一件容易的事。它需要你身兼三职，拥有演讲的三种能力。你只有进行大量刻意练习，才能慢慢成为演讲达人。

在《演讲达人成长记》一书中，有一句话令人印象深刻："**一个会演讲的人和一个不会演讲的人的差距是 50 次演讲。一个演讲大师和一个会演讲的人的差距是 5000 次演讲。**"受此激励，我曾经立下苦练演讲 100 次的小目标。通过一次次练习，我才慢慢成为很多人眼中的演讲达人。我在参加混沌学园全国比赛时，一举拿下北京赛区第一名，就是源于平时的刻意练习。

格格读书会的李杰就是通过一次次的讲书分享成为演讲达人的。作为一名性格内向的销售,她既不喜欢站在舞台中央,也不喜欢被关注。最开始参加读书会活动时,她只是一个看不同的人分享的观众,并没有勇气报名分享。2020 年,新冠肺炎疫情暴发,格格读书会的讲书分享也从线下转移到线上,这时她才开始报名成为主持人,慢慢尝试进行 8 分钟的线上讲书分享。经过这样的一次次练习,一直等到疫情降级,读书会回归至线下,她有了从"幕后"走到台上的勇气。她开始敢于做主持人,对读书会的场域有了安全感,变得自信,也从之前的"社恐"变成"社牛"。后来,她还成功地进行了一次长达 40 分钟的讲书分享,一个人掌控住了整场线下活动。这一次,她的演讲更加流畅自如、从容大气,赢得了书友们的一致赞扬。

让她意外的是,演讲能力的提升也为她的工作助力不少。她天生娃娃脸,给人的感觉像一个大学生,所以领导安排她主持客户活动时,她一度受到质疑。结果,经过在读书会的历练,现在的她一拿到话筒就气场全开,表现远远超过大家的预期。经过不断的刻意练习,她已经把演讲融进自己的工作和生活。在不知不觉间,她不只走出了舒适圈,还扩大了社交圈,成为一颗闪亮的新星。

行动时刻

你周围有什么场所可以让你练习公开演讲吗?

找到它,参与其中,开启刻意练习之路吧!

_____

_____

_____

一个人想成为高手，必须经过刻意练习。著名股神沃伦·巴菲特（Warren Buffett），曾经不止一次谈及，年轻时的他不擅长公开演讲，于是他报名参加了一个课程，以提高自己的演讲力，这也令他终生受用。

好的演讲，能够让人迅速认同你，对你产生信任和好感。你的声音能传播多远，你的舞台就有多大。

第四节　如何进行视频输出

这是一个短视频时代。抖音、快手和视频号等使许多人名利双收，视频号也是 2021 年以来最大的流量红利，对此感兴趣的人千万不要错过。

对普通人来讲，视频创作的门槛更低，更容易坚持下来。一个人做短视频的成本也比较低，初期你只需要一个人、一部手机就可以创作。如果你每天写 1000 字的文章，创作的难度将变得很大，一个人很难保证持续高质量的输出，但是拍个几秒或 1 分钟的小视频难度很低，相对更容易做到、容易坚持下来。

不管现在的你多么平凡、普通，坚持日更视频都能带来一些改变。我的一位同学因为运营视频号，在 27 天内轻松变现 100 万元，成为无数人羡慕的对象。你是否也心动了呢？从这个意义上来说，做视频其实相当于普通人在进行低风险创业，这就是短视频带给普通人的无限可能。

即使你不打算靠做视频变现，也可以用视频输出。我从 2020 年 9 月 22 日开始日更视频号讲书，坚持日更视频带来的除了变现，还有以下 4 大收获。

日更视频 4 大收获

1. 促进对知识的内化吸收

在视频内容的选择上，我选择了讲书。通常，大家可能读书时沉浸其中，书读完就忘，更谈不上进行内化吸收。最好的学习方式，就是以教为学。根据"学习金字塔"，单纯阅读只能留存10% 的知识，而教授他人，知识留存率最高，高达 90%。用讲书的输出方式倒逼输入，是最好的读书方式，没有之一。通过讲书，你将体验书长进脑子里的神奇感觉，和人说话时也会不自觉地引用书中内容，用你的才华吸引你的小伙伴。

2. 锻炼口才，提升表达力

在平时的职场和生活中，很多人都觉得口才很重要，他们想练习演讲，但缺乏刻意练习演讲的场所。通过每天录视频，你可以为自己创造一个练习的机会。而且，录完之后，对照着视频，你也可以轻松发现自己的问题，以优化改进。很多高手的演讲之路都是从录视频开始的。

3. 打破自己，突破能力边界

做视频号对新人来讲确实有些挑战，从定位、策划，到定选题、写脚本、录制、剪辑、运营，全由一个人一手搞定。在做第一条视频时，我靠着自己摸索，手忙脚乱地搞了整整一个下午，才将视频发出去。现在，我可以轻松地在 10 分钟内搞定一条视频，也可以在一小时内录制 10 多条视频。在这一过程中，我不断突破自己的能力边界，遇见了全新的自己。

4. 连接他人，进入更广阔的世界

通过做视频，我进入了一个更大的世界，有幸被更多人看见。有些人因我的视频而受益，他们会感谢我的知识分享为他们带来了帮助，也有些人在看了我的视频之后找到了我，与我交流问题并产生业务合作。

感谢短视频，让我进入一个更大的世界。

即使没变红、没变现也没关系，通过输出倒逼输入，你将成为一个知识更渊博、口才更好、思维更敏捷的自己，你将成为一个更自信、更有竞争力的自己。

视频创作的 3 大步骤

录视频并不复杂，以下 3 大步骤可以帮你轻松搞定（见图 6-5）。

图 6-5　视频创作 3 大步骤

1. 第一步：视频拍摄

拍摄真人出镜的视频并不需要多么高大上的设备，一部手机、

一个手机支架，就可以轻松搞定拍摄。

注意事项有以下 8 点。

第一，环境应安静，没有噪声，不然录出的视频噪声太多，效果不好。同时，光线要充足，不能太暗，不然录出来的画面非常难看。

第二，背景要干净、简洁，不能太乱。如果背景太乱，你可以准备一块背景布，这样会显得更加专业。

第三，借助手机支架固定机位进行拍摄，可以保证画面不乱晃动。在拍摄前，你需要调整好角度，机位的镜头要比人高一点，这样才会显得人更加好看，不会太胖。

第四，衣服尽量选择亮色，如黄色、红色等，会显得人更有朝气。至于到底应该穿职业装还是休闲装，你需要根据视频来选择衣服的款式。

第五，拍摄前要化妆，这样上镜才好看，使人看起来更有精气神。

第六，可以横屏拍摄，也可以竖屏拍摄，根据平台的特色选择即可。拍摄时，你要注意镜头感，全程应该是一个放松又自然的状态，眼睛要看向镜头，全程微笑，想象你在和朋友聊天。

第七，拍短视频的话，视频时间尽量不要超过 1 分钟，否则会影响视频完播率，不易得到算法的推荐。

第八，有关脚本，最开始不熟练时，你要将脚本写下来，等后期熟练了，你可以在列完大纲、梳理完思路之后再录视频。等练习到一定程度时，你连大纲都不需要，直接就可以录制，做到张口就来。

2. 第二步：视频剪辑

在拍摄后，你可以再下载一个剪辑软件，如剪映 App 等，具体注意事项如下。

第一，在拍摄时，可以分段拍摄。在拍摄之后，用剪辑功能将多个分段短视频直接拼起来就行了，这样可以减少拍摄的负担。

第二，剪辑时，画面上不能有剪映之类的标志，要将其剪掉，而且视频中不能出现二维码，否则会被系统判断为违规。

3. 第三步：视频发布

第一，关于发布时间，通常有以下几个发布时间段，早晨、中午、下班时、晚上。其实影响视频播放量的最主要因素不是发布时间，而是作品的质量。如果视频得到较多用户的点赞和评论，有较高的完播率，则会得到算法推荐，拥有更多的播放量。

第二，如果你在更新视频号，建议养成在发布后随手给自己的视频点赞，并将其分享到朋友圈或微信群的习惯，因为视频号本身便是依靠社交关系推荐的。

视频的内容策划

一说到短视频，好多人觉得太难了，如果你不知道短视频应该拍什么，最简单的方法就是讲书。你可以从最简单的 1 分钟讲书分享开始，先读书输入，再讲书输出，这也是一种最容易上手的方式，无须担心不知道该讲什么的问题。

1. 确认内容来源

关于该做什么内容，建议你问问自己，在工作或生活中，自己有什么技能和专长，或者有什么差异化优势。只有在你自己热爱并且擅长的领域，你才有持续输出、对外分享的动力。

在做视频的过程中，我也在不断地摸索中前进，从读书方法、创业心得、旅行见闻，一直做到讲书分享。我本身非常热爱读书，每年读 100 多本书，但我之前做的讲书分享并不多。通过实践，我发现，用视频讲书是一个特别适合普通人分享的方式，它解决了日更内容的问题。录一条视频容易，但每天坚持更新很难，很快你就不知道要录什么了。通过分享好书，你可以源源不断地获取优质内容，也根本不用担心哪天会没话讲。你可以一本书录一条视频分享，也可以一本书录多条视频。

2. 创作灵感

最开始，你不用费心原创，去和别人拼创意。你可以多找几个跟你自己定位类似的视频，好好研究它们是怎么做的，从模仿开始，通过看别人播放量高、点赞量高的视频，学习其技巧，分析创作逻辑，再结合自己的特色，加入自己的创意，这样你就能慢慢形成自己的风格。

3. 脚本结构

这里想强调一下脚本结构。专业的视频在拍摄前都是要写脚本的，一分钟的视频，通常文字稿在 250 字左右。一个短视频的时间一般在 10 ~ 60 秒，最多不要超过 1 分钟。视频的前 3 秒尤其重要，要吸引用户看下去，不然用户会选择滑走。

关于具体的脚本结构，读者可以参考《演讲的逻辑》一书所给出的工具，即 PEEP 表达公式。

- P 是 Point，即观点。就像写作文要开门见山一样，你在开头就要把你的观点说出来。
- 第一个 E 是 Explanation，即具体解释一下为什么会有这一观点。

- 第二个 E 是 Example，即例子。你可以举个例子，进一步证明你的观点。
- 最后一个 P 还是观点，重复你的观点，或者换个说法再强调一遍，做到开头结尾相呼应。

这个 PEEP 表达公式可以被用于工作和生活中，帮你更加清晰地表达观点。

视频输出的注意事项

我辅导过很多学员录视频，我发现，很多人不是能力不行，而是输在了心态上。对这样的学员，我只想说一句话：先完成，再完美！这也是我一直在强调的。我发现怎么强调这句话也不过分，因为很多人都是输在"求完美"的心理上。你要和自己和解，接纳自己一开始的不完美。

这个世界上没有完美的人。很多时候，人们都会有沉重的心理负担，想要做得非常完美，一出场就惊艳全世界，其实这是一种幻想。只有放下心理负担，打破心理界限，才能勇敢地开启视频输出之路。

格格读书营的徐婧同学是一名专业营养师，她跟我学习制作短视频，在日更视频号的短短 50 天内，她便取得了可喜的成绩。在这一过程中，她逐渐在各平台中收获了粉丝的信任感，激活了朋友圈，同行对她的认可度也上升了，她逐渐建立了权威感，大概正是因为她做到了别人做不到的事吧。在变现方面，在多平台更新了短视频后，她收到了其他平台的专家入驻邀约，只要她以短视频投稿就会有收入。出镜录视频让她获得了凭写作形式不能达成的信任感，至于她自己的服务和产品，以及她推荐别人的服务和产品，成交率也都有了很大提升。

特别值得一提的是，她成立两年来的健康咨询事务所，也在这期间逐渐开始收支平衡甚至盈利。她通过视频输出建立了个人品牌，用视频更好地帮助了需要科学减肥的人。她自己的自信心、效能感、社会价值感也大大提升，这些都是短视频输出带来的神奇力量。

行动时刻

如果你选择录短视频，你打算在哪个方向上持续分享？

_____

_____

_____

短视频的兴起意味着一个崭新的赛道正在迅速开启。拥抱变化，顺势而为，去创作短视频，不仅是一种知识输出的形式，也是帮你突破舒适圈，实现从不可能到可能的形式，将使你变得更加自信。**不去试试，你不会知道原来你也可以。不去试试，你永远不知道你有多厉害！**

第五节　如何进行直播输出

自 2020 年起，直播彻底火了。从一线主播们不断创造销售奇迹，到普通人纷纷入局。直播慢慢成为人们生活中的一部分。

特别是在不方便进行线下分享时，越来越多的人从线下走到线上，进行直播输出。好多人觉得直播是大咖、明星和老师的专利，这其实是一个美丽的误会。

这是一个人人都可以直播的时代，直播也是普通人的舞台，只要你愿意尝试，就会绽放独特的光彩。

直播 2 大优势

直播能锻炼你的表达能力，是一种高效的学习方式，它还有以下 2 个独特的优势。

一是带货。

这几年，直播带货在慢慢被大众接受。罗永浩靠线上直播一年还清上亿元的债务，让人不禁感慨直播的巨大能量；新东方董宇辉老师的知识型直播也受到很多人的认可。

二是激活朋友圈。

即使你是一个再普通不过的人，只要你在直播后将直播转发到朋友圈或微信群，便会引来围观。这也能激活你的朋友圈，使你重新和多年不见的老友产生连接，也许还会帮你引来新朋友，带来意外的链接机会。

有人觉得直播太难了，其实你只要会聊天就会直播，这是一个人人都可以直播的时代，正如董宇辉老师所说："什么叫遗憾？明明可以的，你却没有！"每个人都有用直播将知识分享出去的机会。

新手如何做直播

直播也没有那么高大上，它就是一群人在网上聊天，人人皆可直播。以下几步可以帮你轻松上手，助你开启直播之路。

1. 内容准备

直播对分享人的要求比较高，你需要提前熟悉分享内容，做到了然于胸。建议你进行讲书分享或其他主题分享，提前准备好PPT。等到正式直播时，你可以对着PPT讲，这样就不用担心忘词了。

如果是做PPT准备直播分享的话，大多时候只要按照前面章节所提到的演讲过程做准备就可以，只不过演讲是线下分享，直播是线上分享，分享的场地不同。

如果是准备直播讲书的话，除了做PPT，还可以直接对着书讲。我在直播时，通常采用的是后者。这种方式使我有一种类似给大家串讲书中重点的感觉，我可以及时告诉大家重点是在书的哪一页，方便有书的小伙伴跟上我的节奏，带来的获得感也更强。

2. 设备准备

最简单的设备就是一部手机，你可以再准备一个手机支架用于固定手机。现在很多主播都是同时在好几个平台进行直播，这时他们就需要多准备几部手机。

另外，还需要注意直播时的背景，选择简单干净的背景，保证光线充足。如果光线太暗，你可以提前准备补光灯，因为直播通常是在晚上，光线太暗观众将看不清主播，会影响直播效果。

此外，如果你需要什么道具，要提前将它们准备好，放在直播时伸手即可拿到的位置。常见的道具有图书、打印图、手绘图等。

3. 提前宣传

在正式直播的前几天就需要宣传预热。你可以录一个直播预告视频，也可以在朋友圈、微信群、公众号等渠道进行宣传。如果有必要，你还可以建立一个直播群，方便大家互动。

4. 颜值在线

在直播时，穿亮色的衣服上镜效果会更好。如果你是女生，一定要化妆，现在很多男主播在出镜时也会化点淡妆，这样人看起来会更加精神。

5. 调试测试

在正式开始直播前的 20 分钟左右，主播通常会调试一下手机，确认一下网络情况是否正常，以防意外发生。你也要提前熟悉一下直播间的各种功能，因为直播间的功能一直在迭代，这样可以保证正式直播的顺利进行。

6. 做好互动

在正式直播时，你不要光顾着自己讲。要注意手机的留言区，针对观众的问题，及时互动、给予积极的回应。同时，也要有意识地引导用户和你互动，鼓励大家帮你分享直播间，这样直播间的氛围才会更好。

7. 抽奖惊喜

如果你愿意，还可以准备一些惊喜小礼物送给大家，以此调动用户的积极性，也会让直播的氛围更好。

8. 直播时间

对普通人来讲，直播 1 ~ 3 小时就差不多了，不然体力跟不上。直播时你需要全神贯注，整个过程特别烧脑，你一定要提前准备好充足的水和零食，以及时补充能量。

直播注意事项

直播时应注意以下几点。

1. 直播要有节奏

有人每天都会直播，还有人连续 12 小时直播，对普通人来讲，在固定的时间段定期直播即可。比如，你可以一周直播三次，也可以一周直播一次。在固定时间直播，你容易找到节奏，看你直播的人也容易形成心理预期。

2. 谨慎直播连麦

直播连麦①是目前比较流行的做法。一个人长期进行高质量的直播输出难免太过辛苦，这时你可以邀请其他人来到你的直播间，和你连麦。直播连麦这种轻松的方式，既能促进你和连麦之人的友谊，也能给直播间的观众带来新的收获。在这里我想强调，别随便和陌生人连麦，若陌生人不小心说了违禁词或做了不雅行为，你的直播间将直接被封，得不偿失。

3. 心理足够强大

在直播时，需要有一个强大的心理，因为什么情况都有可能发生。也许你会遇到技术故障，比如一直黑屏、发不出声音等。也许你不小心说了违禁词，直播会突然被停止。我还曾经碰到过打雷下雨，家里停电，直播现场成了翻车现场的情况。在遇到意外时，你要冷静应对。

---

① 连麦：网络流行语，指两个人同时打开麦克风互动。——编者注

格格读书营的张荣霞同学因为在知识输出的路上不断接受历练而飞速成长。2019 年，她通过近 20 次的线下讲书分享，克服了在台上演讲时过度紧张的心理，慢慢积累起自信，从一个非常自卑、不敢上台分享的人，变成只要有机会就第一个上台分享的演讲达人。她特别享受自己在台上表达观点时的状态。2020 年，她因为演讲能力得到提升而开通了自己的公众号，开始记录自己成长中的重要时刻。2021 年，她开始与我一起日更视频号，并进一步突破自己，坚持以直播分享知识，打造了一个财税咨询专家的形象，这也为她日后开启咨询项目的新事业做好铺垫。一次次在直播间的知识分享，让她慢慢地爱上传道授业、分享利他的感觉。2022 年，她开发了自己的财务专业课程，并在公司各大宣传平台上线，现在她在公司作为培训讲师，给行业内的校长和投资人讲授财务课程。如今的她，从格格读书会的小小讲台走上了更大的舞台，成为广受欢迎的专业培训师，她用她的光芒照耀着更多人在知识输出的路上坚定前行。

"人生没有彩排，每一天都是现场直播。"越来越多的人正加入直播大军，创造自己的神话，你无须一直羡慕别人，如果你愿意，也可以加入其中，不做生活的旁观者。直播能帮你扩大自身影响力、打造个人品牌、实现变现，直播也正为无数普通人创造新的可能。

第六节　选择适合你的平台坚持输出

不管你是写笔记、写文章、录视频还是直播，都需要借助各大平台对外发布。通过对外发布，你能向更多人分享自己的知识，这本身就是一种利他的行为。并且，对外发布可以帮你打造个人影响力，积累自己的粉丝，并通过平台实现变现。

为什么要多平台输出

有些人只在一个平台上发布自己的文章，懒得到更多平台发布。这其实是一件特别吃亏的事情。你已经完成了最费力的输出创作部分，只要再动动手指，复制粘贴一下，就能瞬间完成多平台发布的任务。

多平台发布可以使你拥有更多的收益和粉丝。自媒体平台一般都是有广告收益的，多在一个平台上发布，你就能多拿一份收益，把输出的效益最大化。在更多的平台上发布，你的粉丝也会更多，你的账号价值更大，你将于不知不觉间拥有更大的个人影响力，何乐而不为呢？

还有一点很重要，你自己要有版权保护意识。如果不在多平台发布，作品很可能被别有用心的人"搬运"后抢先发布。等到你自己想发布的时候，平台反而认为你是盗版，不是原创。每次都第一时间在多平台发布更省事，也更安全。需要注意的是，你在各个平台中最好使用统一的昵称和头像，让自己更有辨识度，这也更有利于打造你的个人品牌。

其实这就是一个"增值思维"，多条腿走路，不把鸡蛋放在一个篮子里。我就认识一些朋友早前只专注于一个平台，在平台衰落以后，他的收入也就随之大减了。

主要的写作输出平台

下面我将具体介绍一些主要平台的情况，你选择适合自己的平台即可。

1. 公众号

公众号是大家非常熟悉的自媒体写作平台之一，其准入门槛比较低，变现渠道较多，创作收益也较高。目前有文章打赏、流量主广告、付费阅读、文章带货等获益途径。

公众号是一个相对封闭的写作空间，它就像你自己的一块自留地。如果你有志于长期写作，一定要尽早开通公众号。先在公众号更新文章，将其标记为原创后，再同步至其他平台。不然，你的文章很可能被别人标为原创、拿了收益，容易被其他人侵权。在公众号标记原创，是保护自己版权的重要方式之一。

2. 豆瓣

豆瓣创建于 2005 年，它聚焦音乐、电影、读书领域，是文艺青年的聚集地。许多当红的内容创作者，比如一直特立独行的猫，最开始就是在豆瓣上写作的。在豆瓣上，你可以发布你写的书评、影评等。

那么，如何更好地用豆瓣写书评呢？

首先，搜书名，点开图书页面，点"写书评"，可以写长篇书评。你在给一本书打星、写评价的时候，也可以写一句话或几句话的短书评。

值得注意的是，不要以为写书评才是起点。事实上，从你点"想读"的那一刻起，机会就已经降临了。很多人不点想读，这等于放弃了一个流量入口，所以，在你点"想读"的时候，一定要写上自己想读的理由，这样能更好地获得流量。

豆瓣的另外一个流量入口是"读书笔记"。之前提到的"金句式笔记"，就特别适合发布到豆瓣上。

当然，如果你豆瓣文章写得好，关注你的人数变多了以后，会有很多出版社编辑通过"豆邮"约你写书评，甚至约稿件、约写书，为你带来新的人生机会。

3. 知乎

知乎是中文互联网中最大的知识问答平台，是一个网络问答社区，以高质量的用户原创回答著称。

在知乎，一个人主要靠回答问题获得流量，我们可以用文章来回答问题。这时，回答对的问题就显得尤为重要。在找问题的时候，你可以选一些关注量比较大的问题，比如，有的问题本身就有几千人关注，有的问题只有几个人关注，那你当然要优先选择关注人数多的问题回答。

知乎支持用户直接插入商品链接赚佣金，这个叫"好物推荐"。用户使用好物推荐功能，知乎还会额外赠送流量推送。

需要指出的是，知乎有一点跟其他平台不太一样，即作者是分等级的，只有够一定等级，才可以开通各种变现权限。不同等级的权限是不一样的。影响等级的因素包括答题的质量、数量、互动等。

知乎也是公众号引流的重要途径，它是目前唯一允许内容创作者将公众号放在文章中的平台。百度等搜索引擎也为知乎的回答带来很多免费的搜索流量，长尾效应[①]非常明显。

---

① 长尾效应：一个统计学名词，根据人们的需求曲线来看，大部分的需求集中在曲线突出部分的头部，而相对零散的差异化的少量需求会在曲线中形成一条长长的尾巴，长尾效应形容的主要是非流行的市场将形成比流行市场还大的一个市场。——编者注

4. 新浪微博

新浪微博曾经是影响力最大的中文社交媒体之一，现在依然有强大的影响力，很多明星都入驻其中。微博充分发挥了社交媒体的特质，鼓励写作者之间互相关注、互相私信、互相转发，用户可以非常方便地和粉丝直接互动。微博上有多种变现方式，比如红包打赏、流量分成、付费专栏、电商分销等。

特别要说明的是，微博上每天都有热门话题，你可以借势引流。如果你第一时间就针对热点发布内容，将非常容易获得阅读量和粉丝。因此，无论是发"微博文章"还是发"微博"，都要注意添加当天的热门话题。

5. 今日头条

今日头条是目前比较火的自媒体平台之一。其准入门槛较低，用户发文章时会经过算法审核和人工审核。文章是否被算法推荐，差别很大，阅读量可以相差千倍。今日头条的主要用户是普通大众，因此娱乐、新闻等内容更受欢迎，大家也更喜欢看故事、听八卦。

今日头条上也有多种变现方式，比如用户可以签约成为平台扶持的达人，可以开通问答，可以得到流量广告收入，可以在文章中插入广告赚取佣金。

6. 百家号

百家号是百度旗下的自媒体平台，采用机器算法推荐。当你发布文章之后，平台会评定文章的推荐指数，并挑选对应的读者进行推荐。如果文章的打开率高，平台将继续将其推荐给更多人，如果打开率低的话，就会停止推荐。百家号会自动按照阅读量结算稿费收益，你也可以通过分销拿佣金。

7. 小红书

小红书是一个种草[①]平台，种草文化非常强。平台以一二线城市的女性用户为主，她们的消费能力非常强，众多品牌方都在小红书找素人博主进行合作推广，创造品牌的影响力。对内容创作者而言，其内容制作门槛非常低，无论你是发图文，还是发视频，即使你没有粉丝，也会有推荐、有爆款；小红书的变现门槛低，用户零粉丝也能带货变现，它也正受到越来越多的内容创作者的青睐。

此外，还有网易、趣头条、搜狗、大鱼号、搜狐号等平台。几乎所有主流平台都支持发布短文、长文、视频和进行直播。

主流的视频／直播平台

除了以上平台，还有几个主流的短视频或直播平台，大家可以了解一下。

1. 抖音

以一线二线城市的用户为主。抖音上的内容种类丰富，算法推荐技术先进，娱乐化内容更受欢迎，内容相对精致。其流量主要是公域流量，由官方平台决定，比较偏爱大号，变现模式非常多。借助投放广告，创作者的势能可以成倍地扩大。

2. 快手

快手是后起之秀，它虽然是一个短视频平台，但更注重直播，

[①] 种草：网络流行语，指专门为人推荐好货以诱人购买的行为，类似"安利"。——编者注

以三四线城市的年轻人为主。它以"去中心化"为价值观，内容更接地气，对普通新用户的扶持力度较大。其流量主要为私域流量，平民化氛围更浓厚。

3.视频号

视频号是一个人人都可以记录和创作的平台，也是一个了解他人、了解世界的窗口。在这里，你可以随时随地记录真实的生活，发挥创造力，与更多人分享生活。视频号是微信生态的重要产品，它结合社交关系推荐和算法推荐，逐步覆盖全体微信用户。2020 年 1 月 18 日，视频号开启内测，凭借微信生态的巨大流量，没有人会怀疑视频号巨大的商业价值，所以，很多大咖纷纷开通了视频号。如果你想打造个人品牌，实现商业变现，不管是发视频，还是直播，都千万不要错过这个重要的阵地。

4.哔哩哔哩（B 站）

B 站以年轻用户为主，关注二次元、学习、娱乐等内容。官方对原创作者的扶持力度很大，中长视频更受欢迎。弹幕的实时互动也构成其社区独特的调性。

想要让输出的效益最大化，你就要坚持多平台输出，最终选择适合你的平台坚持输出。为什么要选择平台呢？你将同样一件作品上传到不同的平台以后，会收到不同的反馈。也许在 A 平台上没人理你，在 B 平台你的作品将异常火爆。每个平台有自己的特点，你需要通过发布后的数据才能判断出哪个是最适合自己的平台。最终，哪个平台拥抱了你，你就拥抱哪个平台。

每个平台都有自己的定位、目标用户、推荐机制和回报机制，你需要充分了解各个平台，根据平台的特点发力，调整你的作品风格，这也更利于你个人品牌的打造。人们都是在试错中迭代自己、找到最终方向的。

格格读书营的"十七"同学一直坚持在多平台中输出，她是一名英语老师，也是一名自媒体创业者。她在抖音、快手、视频号等多个平台持续做短视频和直播分享，已经坚持快两年了，收获了400多万粉丝的关注与支持。很多人羡慕她的成绩，却不知道她背后付出了多少努力。2020年，十七决定入驻自媒体，那时的她连抖音、快手都没刷过。自此每一天，她坚持日更视频号、坚持直播，从没有休息过，节假日也照常营业。结果，她在连续拍了近100条视频后，依然没有火。她努力了半年，3个账号的数据都不太乐观。

但是，强大的她并没有放弃，在调整自己后，她又重新开始自己拍摄、自己剪辑、自己发布，天天直播。功夫不负有心人，2021年9月，她的抖音粉丝破百万；2022年11月，她的快手粉丝破百万；2022年8月，她的视频号粉丝破百万。这一次，她终于火了！现在十七老师的学生遍布天南海北，她也成为快手知名的语言类教育主播。

在多平台坚持输出并不容易，但是，它是一条能为普通人带来无限可能的人生之路。**成功的路上并不拥挤，因为坚持的人并不多。**

最后，我想借十七同学的话作为本章结束语。"其实这一路，我只是在做我能做的，因为我坚信，所以我坚持。若你也遇到了你的心之所向，我不想祝你一帆风顺，我要祝你乘风破浪；我要祝你在每个艰难的瞬间，哪怕跌倒了拽着别人的鞋带也能爬起来；我祝福你，在人生的下一个十年里，因为能看见，因为真相信，因为可持续，而活出更精彩的自己。因为那个敢相信、能坚持的你，真的很酷啊！"

本章知识盘点

1. 收获：本章最重要的 3 点收获

收获 1：＿＿＿＿＿＿＿＿＿＿＿＿＿＿＿＿＿＿＿＿＿＿＿＿＿

收获 2：＿＿＿＿＿＿＿＿＿＿＿＿＿＿＿＿＿＿＿＿＿＿＿＿＿

收获 3：＿＿＿＿＿＿＿＿＿＿＿＿＿＿＿＿＿＿＿＿＿＿＿＿＿

2. 金句：本章最打动你的 3 个金句

金句 1：＿＿＿＿＿＿＿＿＿＿＿＿＿＿＿＿＿＿＿＿＿＿＿＿＿

金句 2：＿＿＿＿＿＿＿＿＿＿＿＿＿＿＿＿＿＿＿＿＿＿＿＿＿

金句 3：＿＿＿＿＿＿＿＿＿＿＿＿＿＿＿＿＿＿＿＿＿＿＿＿＿

3. 输出：你将以哪种方式输出本章所学

输出 1：＿＿＿＿＿＿＿＿＿＿＿＿＿＿＿＿＿＿＿＿＿＿＿＿＿

输出 2：＿＿＿＿＿＿＿＿＿＿＿＿＿＿＿＿＿＿＿＿＿＿＿＿＿

输出 3：＿＿＿＿＿＿＿＿＿＿＿＿＿＿＿＿＿＿＿＿＿＿＿＿＿

4. 行动：读完本章，你计划采取什么行动

行动 1：＿＿＿＿＿＿＿＿＿＿＿＿＿＿＿＿＿＿＿＿＿＿＿＿＿

行动 2：＿＿＿＿＿＿＿＿＿＿＿＿＿＿＿＿＿＿＿＿＿＿＿＿＿

行动 3：＿＿＿＿＿＿＿＿＿＿＿＿＿＿＿＿＿＿＿＿＿＿＿＿＿

第七章

知识应用，
从「知道」到「做到」

个人知识管理的第六步，即知识应用。我们常说"知识就是力量""知识改变命运"。只有把知识转化为行动，知识才是强大的力量，知识才能改变命运。王阳明所强调的"知行合一"，在今天依然是一个多数人都需要面对的难题。

第一节 突破内心限制，拥有行动的力量

在充满不确定性的时代，成事的关键是什么？商业观察家、《知行力》作者何伊凡用十几年的时间，观察了上百位成功的企业家、创业者、职场人，提炼出他们身上的共性，他发现，做成事情的密码是"知行力"，比认知升级更高级的是"知行升级"。

明代王阳明提出了"知行合一"，可知道的人多，做到的少。也因此，书本上的知识终究只是知识，除非你能够将这些知识付诸行动，不然什么改变都不会发生。这是因为，人们缺少的往往不是知识，而是知行合一的能力；世界上最遥远的距离，不是生与死，也不是天各一方，而是从"知道"到"做到"。

我在与许多朋友的交流中发现，从知道到做到之所以很难，并不是因为一个人的能力不行，也不是因为其缺少所谓的方法，而往往是他内在的思维和行动模式阻挡了他前行的脚步。

只要人们能意识到内心的限制，打开思路，他们将做得特别好，甚至做出惊人的成绩。

觉察你的思维和行动模式

德国心理学家吉塔·雅各布（Gitta Jacob）在《0 次与 10 000 次》这本书中提出，我们都太拘泥于某些思维和行为模式，甚至没有意识到自己正按照这些定式行事，我们只是不由自主地以一贯的方式行动，即使这样的行为对我们自己是一种伤害。

每个人都会被自己的情绪、感受或无法完全理解的行为"绊倒"。童年给我们留下的绊脚石各不相同，它也许和童年或青少年

时期的记忆、深刻的感情经历有关，也许源于我们的父母没有倾听我们的话或没有给予我们应有的关心，也许源自某个人随口说的一句话，也许源于我们上学时被老师或同学们伤害过。不管到底因何而起，我们都有相应的策略处理情绪上的困难经历，这在心理学上被称为"应对方式"。

所谓"应对方式"，是指为了应付情绪上的压力和一些困境，我们采取了一些行为保护自己。应对方式在保护我们自己的同时，也伤害了我们，并阻碍了我们充分发挥个人潜力。

我们之所以会走进同样的死胡同，在类似的事情上吃亏，本质上是因为我们的"应对方式"出了问题。相同的"应对方式"，带来的是 0 次与 10 000 次的区别。通过深度觉察和练习，我们每个人都有机会重新获得掌控权，摆脱束缚。你完全可以改写自己的人生脚本，创造全新的关系模式和行为模式，从而拥有全新的人生。

吉塔·雅各布指出，人们通常有三种"应对方式"，即顺从、回避和过度补偿。顺从，即以他人的需求为导向。回避，即试图逃避情感和问题。过度补偿，是指一个人似乎完全不顾受伤的内在小孩，否认羞愧或悲伤等感受，他的自卑感往往被过度的自信，有时甚至是傲慢的外表所掩盖。

想要有效解决一个人从"知道"到"做到"的内心限制，我们需要重点关注第二种应对方式，即"回避"，因为回避会阻挡人们前行。回避的人往往选择退缩，逃避所有可能让他们产生不想要的感觉的情况，从而减少自己当下所感受到的消极情绪。回避的人往往对自己不抱任何期望，因为如果他没有目标、不去尝试，便不会对自己失望。

回避行为最初带来的美好感觉比负面情绪要好得多，但是从长远来看，回避将阻拦一个人前行的脚步，妨碍其实现自己的梦想。当你因为害怕失败、被拒绝、成绩不佳等而不敢做任何事时，你将在不知不觉间用自己的思维将自己束缚住，从而无法探索和开发自己的能力。

摆脱回避的思维和行动模式

那么，应如何摆脱回避的思维和行为模式呢？

1. 觉察你的模式

你可以先审视一下自己的行为。也许你想学习一种新的技能，但迟迟没有行动；也许你想参加升职角逐，内心却告诉自己实力不行；也许你想上台为大家做一次精彩的分享，却一直没有勇气举手报名。

你还可以询问周围的亲朋好友。他们与你相识许久，对你比较熟悉，能从更加客观的角度给你真实的反馈。如果你一再推卸困难的任务，让他人承担重任，那么你一定要检查自己是否倾向于回避。

2. 接纳真实的自己

很多人一直处于回避状态，深受其害而浑然不觉。能够有幸认识到自己的问题，是一种幸运，也是改变的开始。

很多人会回避问题，这是由其内心深处的极度自卑所导致的。人们在面对困难和挑战时，总是急于否定自己，往往会用"我不行"作为不努力的借口。

很多时候，我们之所以没有完成某件事，是因为我们相信自己做不到。这就是所谓的限制性信念。就仿佛一条鱼身处水中一样，我们已经习惯了思维模式的存在，因而总是身处其中却不自知。

稻盛和夫说："在设立目标时，要有意将自己的能力设定在超出现有水平的某一点上。"你要用将来进行时来看待自己的能力，现在做不到不代表未来也做不到，你要打破内心的限制性信念，勇敢尝试。

意识到限制自己前行的思维模式，承认自己会逃避问题，是开启改变之路上相当重要的一步，你要为自己感到骄傲。请不要对自己要求过于严格，甚至责备自己。从现在开始，当你再次面对挑战、困难或考验时，**请不要急着说"我不行"，而是要说"我试试"。你不是厉害了才开始，而是开始了才厉害。**你可以用一次次勇敢地尝试积累成功的经验，增加自己的自信。如果从现在开始，你已经敢于一次次地战胜自己，你应当奖励自己。

3. 看清优点和缺点

童年时养成的应对方式不一定总是有害的，有时它会保护我们，但有时它也会阻碍我们实现目标。这时，你可以用"SWOT分析模型"这一工具来分析你的现状。

SWOT 是一种战略分析方法，SWOT 分别代表 Strengths（优势）、Weaknesses（劣势）、Opportunities（机遇）、Threats（威胁），该模型旨在通过对被分析对象的优势、劣势、机会和威胁等加以综合评估与分析得出结论。

你可以梳理"一直回避"和"大胆行动"各自的优势、劣势、机遇、威胁，要让自己彻底明白，自己为什么要在未来停止某些行为模式，以及你将从中得到什么好处。

4. 列出改变计划

心平气和地坐下来，思考自己想在生活中得到什么，以及如何做出相应的行动，为自己的未来创造一个积极的愿景。什么对你很重要？你想达到什么目标？从现在开始，你无论如何都想做哪些不一样的事情？

如果你已经决定要限制自己的回避行为，那么现在就要列出计划。思考一下，你到底想在哪种情况下减少使用自己的应对方式？你必须要有一个具体的、可以分阶段的目标，并让它变得切实可行。

你也可以先在想象中试一下改变你的行为，然后，从你觉得有把握的简单事情开始尝试，慢慢拓展自己的实践区域，走出心理上的舒适区。

5. 允许挫折和失败

现在你所挑战的事情可能并不轻松，请不要对自己太过苛刻，如果你要求自己一出场就非常完美，惊艳整个世界，那是不切实际的过高要求。你可以对自己说："我知道这可能会失败，但是我愿意试一试。"先完成，后完美，即使只是迈出一小步，你也离目标更近了。不要因为挫折和后退而气馁，那是你成长的必经之路，从小事做起，不断突破自己，一次次的成功体验将会极大地激励你。

你可以把回避行为的负面影响都写在便签上，贴在你每天都会看到的地方，比如贴在写字台上，以此来提醒自己保持前行的动力。

不能马上成功也是非常正常的现象，不要急着放弃，应该坚持下去。处理回避行为需要很大的勇气，你要有意识地超越自己的极限，敢于挑战自己不擅长的事，这可以帮你充分发掘自己的潜能，培养更多的自信，从而形成良性循环。

当我们觉察并修正自己的应对方式时，我们能看到内心的冲突、创伤、心结，可以重新理解自己难以驾驭的情绪和感受，从"知道"跨越到"做到"。以心理学的方式觉察并修正自己的日常行为模式，可以帮你从黑暗中爬出来，在阳光里站起来，为自己创造"知行合一"的全新人生脚本。

格格读书营的郑丽同学，就是因为勇于突破内心限制，从一个不敢上台讲话的人，变成了一位落落大方的活动主持人。作为格格读书营的学员，她之前虽然多次参加读书会线下活动，但只是默默坐在角落里看着台上的小伙伴们，不敢上台讲话。后来，在格格读书营一周年庆典时，我特意邀请平时学习优异的她上台分享。她第一次上台分享，就觉得自己"演砸了"！虽然她很熟悉稿子，可是看到那么多人在盯着她，她愈发紧张，把稿子内容都忘记了。这一次的分享经历刺痛了她，让她看到了自己一直在逃避上台演讲。于是，她下定决心，不再胆怯、不再退缩，踏出舒适区，从8分钟的讲书分享开始练习，一路挑战40分钟的讲书分享，并最终成为读书会活动中优雅从容、自信大方的主持人。

"知道"并不等于"做到"，看到限制、勇于突破，正是改变的开始。改变也许很难，但我从未见谁说过不值得。

《无限可能：快速唤醒你的学习脑》的作者吉姆·奎克（Jim Kwik）曾说："你在创造你想要的生活时可能会遭遇一些可怕的事情。但你知道什么更可怕吗？后悔。总有一天，我们会咽下最后一口气，那时别人的意见或者你的恐惧都不再重要。重要的是，我们如何度过自己的一生。"此刻，你不妨静下来想一想，什么是你在疲惫的生活里，心中依然不灭的英雄梦想？也许你想参加升职角逐，也许你想进行一次精彩的演讲，也许你想学习一种新的技能。也许，你和我一样，想把兴趣变成职业，成为一名自由职业者。

行动时刻

有没有什么是你一直想做，但是一直不敢做，总在逃避面对的事？

请设置一个计划，努力实现它！

_____

_____

_____

不去追逐，就永远不会拥有；不往前走，将永远在原地停留。 不管你的梦想是什么，只有打破思想和行为模式的束缚，你才能创造新的可能。行是知之始，知是行之成。如果你遇到了困难停滞不前，请审视一下你的思维模式，它是你通往美好未来的路。愿你不再安于现状、自我设限，突破自我，大胆向前，用行动创造自己想要的未来吧！

第二节 运用 GROW 模型，从"知道"到"做到"

每当在工作或生活中遇到困难，大多数人都会想到上网搜索、翻阅图书或请教他人。我们往往认为，眼前的问题是由缺乏知识所造成的，一定有一些知识是我们所不知道的，如果能掌握这些知识，问题将迎刃而解。我们不断地向外获取方法以自我提升，比如，有人想提升写作水平，就一口气报了多门写作课，但最终效果并不理想。事实上，等你学到了所谓的知识，也并不一定会过上想要的生活。

《潜力量》的作者艾伦·范恩（Alan Fine）认为，有时候，人们出现问题的确是由缺乏知识导致的。但在很多情况下，事实并非如此。阻碍表现提升的往往并不是不知道怎么做，而是我们做不到自己所知道的。换句话来说，**问题并不在于知识的"获取"，而在于知识的"运用"**。任何人都可以读一本书或是学一门课，但是把知识转化为能力的关键在于行动。知识本身并不能带来更好的表现，它是重要的要素，但并不是唯一的要素。

艾伦在他所著的《潜力量》中提到一个"10倍女孩"的故事，当时他在教一个9岁的小女孩打网球，他所运用的两种指导观念的变化，使小女孩的表现产生了巨大差异，小女孩在球场上的表现进步超过10倍。最开始，他会给出详细的指令，当时小女孩最好的成绩只是连续5次成功把球打过网。艾伦感到很沮丧，他决定转变做法："不要太在意我教给你的技巧。只要在球触底反弹时，你说'弹'，然后当球碰到你的球拍时，你说'打'即可。就这么简单，只要专心做这两件事就行，其他的不用担心。"小女孩在尝试这样做之后，效果显著，她竟然连续53次击球成功！

这次经历彻底挑战了艾伦身为教练的基本观念，让他找到了提升人们表现的方法，并和另外两人一起发明了"GROW模型"这一工具（见图7-1）。

艾伦后来专门成立了公司，服务于企业的高管和经理人，成了我们现在所称的"高管教练"。他一直在用"GROW 模型"指导全球各大公司的经理人、高管和 CEO，以及世界级的高尔夫球选手，可见"GROW 模型"有着强大的威力。

"GROW 模型"可以被用于辅导他人，帮助他人成长，是用于设定目标和寻找解决方案的有效工具。这一工具能够帮助我们按照"目标—现状—方案—行动"的顺序专注起来，从而把挑战分解成难度较小的、可被完成的任务。

图 7-1　GROW 模型

目标（Goal）：我们想做的事

首先，我们应专注于"目标"，即我想实现或达到的目标是什么？符合前文所提到的"SMART 原则"的目标才是有效的目标。

现状（Reality）：我们所面对的状况或我们自认为的状况

其次，把注意力放在"现状"上：明确当前的状况，到目前为止我们所做的努力和得到的结果，识别自己所面临的阻碍，并重新评估自己的目标是否现实。

察觉自己内心潜在的假设是一种很有帮助的方法，尤其是当我们的想法中包含指责和负面念头时，自我反省可以使我们自己对现状有更真实的认识。

方案（Options）：我们如何从现状过渡到目标

我们可以通过头脑风暴一类的思想活动想出各种能达成目标的方案，让自己跳出思维框架。

不要评判，让各种方案都涌现出来，之后我们再评估这些方案，并判断哪些是可行的。

行动（Way Forward）：我们想采取的行动

最后，我们应专注于"行动"：判断哪些方案是最佳行动方案，并推进以实现自己的目标。

GROW 模型能帮我们增强信念，变得热情和专注。我们在受到干扰的时候，想法可能在这四个方面中跳来跳去，我们将无法专注。但是，如果我们能按照 GROW 模型的顺序和方法去做，将可以集中注意力，提升自己的表现。

行动时刻

请试着用 GROW 模型梳理一下你所面对的问题。

目标：＿＿＿＿＿＿＿＿＿＿＿＿＿＿＿＿＿＿＿＿＿＿

现状：＿＿＿＿＿＿＿＿＿＿＿＿＿＿＿＿＿＿＿＿＿＿

方案：＿＿＿＿＿＿＿＿＿＿＿＿＿＿＿＿＿＿＿＿＿＿

行动：＿＿＿＿＿＿＿＿＿＿＿＿＿＿＿＿＿＿＿＿＿＿

"GROW 模型"是一种非常著名的人员管理沟通工具，它可以为员工赋能，激励员工自发提高表现，它被包括 IBM、可口可乐在内的多家世界 500 强企业所采用。

"GROW 模型"不仅可以被用于企业管理中，还可以被用于转换行业或职业中，并帮助人们解决日常生活中所遇到的各种问题，比如解决家长和孩子之间、老师和学生之间的问题等。

格格读书营的同学"娴静的猫"曾经在做短视频的过程中遇到困难，最终我帮她用"GROW模型"找到了破局之路。她的文字功底不错，表达流畅，形象、气质俱佳，在制作短视频方面有着天然的优势，但她录的视频总是不温不火。在一次和她的沟通中，我先帮她确认了一下目标，原来她之所以没有把优势发挥出来，本质上是因为自己没有搞清自己的状况，她只是想把视频做给孩子看，想告诉孩子妈妈在学习这件事上多么认真努力，她完全不是在做自己。在梳理过程中，她一下子发现了问题的关键所在，及时调整目标：用视频做真实的自己。目标清晰后，她进一步梳理做视频的数据情况以明确现状。当跳出一切为了孩子的思维框架之后，她落地的方案也随之清晰。她制定方案并付诸行动，大量观察对标账号并自省，从大号身上找自己的优势与不足，并开启用户思维，学习策划选题，思考如何向观众输出价值。为了让出镜效果更好，她练习对着镜头微笑，学化妆、学穿搭。调整之后，果然效果显著，她的视频不但经常被官方推荐，还有几个成了爆款。

每个人都拥有发挥更好表现的潜力，"GROW模型"释放了一个人的信念、热情和专注，让人们可以自如地运用已有知识，加快决策速度，把挑战分解为一系列可完成的任务。每个人都可以在自己的工作中和生活中运用"GROW模型"，解决各种各样的问题。你也可以尝试运用"GROW模型"进行自我梳理，帮助自己从"知道"到"做到"，彻底感受成长的力量！

第三节　找到内在动机，拥有强大内驱力

知易行难。可能我们懂得很多道理，却依然过不好这一生，因为很多人半途而废了。如何从一个空有上进心的人，变成行动上的巨人？如何改正做事总是三分钟热度的缺点？如果你也觉得自己在行动中意志力不足，你完全无须自责。对比回想一下，在你分秒必争地刷手机时，在你在"某宝"上忘情地购物时，在你废寝忘食地打游戏时，在你熬夜追剧时，你在做这些时，是不是感觉根本停不下来？那时的你，简直是一个意志力超人。

可见，你并不是"意志力不足"，你只是没有找到你的内在动机。找到内在动机的人，将拥有强大的内驱力和意志力。

刘润老师说：**"人生并不只有两种选择：因为焦虑，而奋斗；或者因为焦虑，而躺平。人生还有另外一种选择，就是出于热爱，出于真心，出于喜欢，因为内心的动力，而努力。"**

如果你打心底不愿意做某件事，整个人呈现一种对抗的状态，怎么可能坚持把事情做下去呢？关键是要从心理层面解决问题。《无限可能》的作者吉姆·奎克曾说："如果鸡蛋被外力打碎，那是生命的结束；如果鸡蛋被内力打破，那是生命的开始。奇迹的开端永远在事物内部。"找到做好一件事的真正动力，能帮助你无须坚持就把事情做好。

1. 在开始前为事情赋予重大意义

无论做什么事，在开始前，都要仔细想一想做它的必要性，找到非做不可的理由，这能为你的行动赋予持久的动力。

想一想，如果达成这一目标，会形成怎样积极的意义。你在

挖掘意义时，内在动机比外在动机具有更强更持久的驱动力。因此，你要尽量挖掘自己做一件事情的内在动机。比如，我在最开始决定创办格格读书会时，是想和书友们一起多读好书、互相交流，共同进步、成长。慢慢地，我发现，不仅我个人因参加格格读书会获得了成长，参加活动的书友也受益良多，帮助他人成长让我获得了一种金钱无法买到的巨大快乐。"利他"就是驱动我公益运营格格读书会的内在动机。找到了做这件事的意义之后，我就有了风雨无阻把读书会办下去的动力。

2. 思考不做这件事会有哪些负面影响

找到做一件事情的意义，只是进行动力管理的第一步。此时，你需要再思考一下"不做会怎样"，会产生哪些负面影响。

你可以拿出一张白纸，试着回答以下 2 个问题。

第一，如果我没有做这件事，哪些事是我目前做不了，甚至连一点尝试的机会都没有的？

第二，如果我没有做这件事，将来会遇到什么困难？失去哪些机会？

在罗列完答案之后，可以展开想象的翅膀，把细节也写下来。写完之后，可能你自己都被相关负面影响吓到，答案给你带来的恐惧会进入你的潜意识，随时提醒你要赶紧行动，不能拖延，否则会失去很多机会。

比如，我长期坚持跑步的原因之一，是离职后创业做自己的小项目，长期处于高强度工作状态，即使春节也不休息。我担心长期这样下去，我的体力会跟不上心力，无法很好地实现梦想，甚至有过劳死的风险。因此，无论春夏秋冬，我都坚持跑步，从不偷懒。

3. 做自己热爱的事，根本停不下来

心理咨询师高太爷在图书《意志力红利》中告诉我们，真正的意志力高手，并不会强迫自己痛苦地坚持，而是会坚持做自己热爱的事。

什么是热爱？它有一个更重要的特质就是，当事人表示心甘情愿。心甘情愿地付出，心甘情愿地承受失败，心甘情愿地接纳、追寻路上的苦和累。人生，其实并不需要有什么惊天动地的大事。仅仅是一件自己心中热爱着的小事，就足以抵过岁月漫长。

人在做自己热爱的事情时，往往会处于心理学上所说的"心流状态"，整个人会忘了时间、忘了自己，处于一种非常享受的状态。这时的你即使遇到困难、挫折、打击，也能充满激情地坚持下去，这便是"坚毅意志力"状态。"坚毅意志力"等于"激情＋坚持"，真正的激情，源于骨子里的热爱，即你根本不需要有意坚持。人类所有的半途而废，都代表他并非真正因为热爱而去做一件事。

格格读书营的王晓睿同学就是一位热爱咖啡的持续学习者，她入咖啡的"坑"是出于兴趣。第一次喝到手冲咖啡，她便惊讶于它独特的味道和香气，它完全打破了"咖啡是苦涩的"这一刻板印象。之后她了解到，不同的咖啡豆、不同的冲煮方式会对咖啡的风味产生影响，而评价一杯咖啡的好坏，也要根据一套非常科学、专业的体系。

于是，她报了兴趣班并买了一套冲煮设备，自己在家制作咖啡，体会不同产地的咖啡豆、不同的咖啡器具以及不同的冲煮方式带来的不同风味体验。只要一有时间，她就会去大大小小的咖啡店探店，向咖啡师请教，聊自己对咖啡冲煮的思考。

　　经验的交流帮她扩展了对精品咖啡的认知，毫不夸张地说，她有一半的知识是通过"聊天"获得的。一年之后，她继续进修，报名学习专业的 SCA（Specialty Coffee Association）课程——这是一个国际性的咖啡师证书，她完成了初级和中级的课程并成功拿到了证书。当然，这只是成功路上的小小成就，这条路上没有所谓的"成功"，有的只是一个不断精进的过程，而她所做的所有的一切都源于她对咖啡的热爱。这份热爱推动着她不断更新自己，获取更加科学、专业的知识，也推动着她结识很多良师益友。

　　当你对一件事感兴趣，决定去看它究竟是怎么一回事时，不妨沿着小径走一走，也许便会进入拥有无尽宝藏的广阔天地。

　　4. 找到你的使命，爆发自己的小宇宙

　　一个人最幸福的事，大概就是能活在自己的热爱里。问题来了，很多人都知道热爱的强大力量，你要如何才能找到你所热爱的人生方向呢？

　　你周围是不是有这样的朋友，他们每天忙忙碌碌，内心却毫无激情。有人进入职业发展的瓶颈期，始终找不到出口。有人陷入平庸之中，醉生梦死，在某一天突然发生职场危机时，发现自己已经无力自救。其实，这一切都源于他们缺乏对职业生涯的正确认知。此时破局的关键，就是走出迷茫，找到人生的热情与方向。

　　当然，这并不能一步到位，需要一个探索的过程。你要给自己一个不断试错、摸索前行的时间。美国职业生涯规划师指出，健康的、优质的职业生涯可被分为以下 3 个阶段。

　　第一阶段：探索阶段

　　在这一阶段，你通过不停探索，寻找热爱、擅长与意义三者之间的交集，这三者的交集就是你的人生使命（见图 7-2）。你可以运用"人生使命图"这一工具梳理你的人生使命。

第二阶段：聚集兴趣和长板阶段

在找到人生使命之后，你需要集中发力，发展兴趣和优势方面，这将帮你脱颖而出，获得成就、地位，以及经验和智慧。

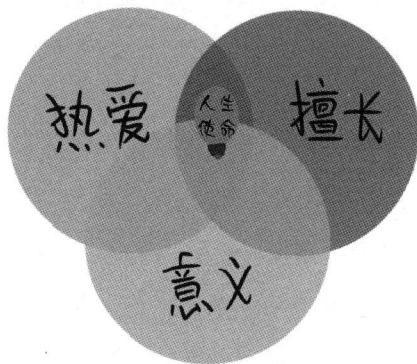

图 7-2　人生使命图

第三阶段：优化长尾阶段

有了前面的积累，在这一阶段，你可以继续努力、增加势能，以发挥更大的影响力，比如创业、出版新书等。

这三个阶段每一阶段的时间平均为 15 年，只有少数人才拥有这样的人生。大部分人被忙碌的日子绑架，忽略了探索热爱和人生的方向。他们每天忙于谋生，生活根本没有激情，甚至了无生趣。当你找到了你的人生使命，就像拥有了一台发电机，你可以获得无穷无尽的燃烧动力。

真正的意志力高手，都有源于骨子里的热爱。他们不是在辛苦度日，而是每一天都奔赴热爱。

格格读书营的温迪（Windy）同学就是在人生使命的召唤下走

上了辞职创业之路。2006 年，她偶然在网上接触了烘焙项目。她在有了孩子之后，忽然意识到食品安全很重要，不管自己在家做的食品多健康，孩子长大走出家门还是会接触各种各样的添加剂食物。她希望能为孩子们做出可以放心吃的、有营养的健康食品，于是她勇敢地辞掉了很多人羡慕的稳定工作，自己开了一间烘焙工作室。

事情总是知易行难，为了做出更加专业的甜点，她申请了法国蓝带厨艺学院的高级甜品课程，独自一人前往日本神户和法国巴黎学习。学成归国后，为了让更多人吃到她做的健康蛋糕，她又自学营销、写作、摄影、直播等技能。最终，她通过直播找到了破局点，直播售卖的效果非常好，即使疫情时，她的烘焙工作室依然运转良好，很多人通过朋友介绍来找她做蛋糕。她发现，当一个人被人生的使命唤醒后，强大的自驱力就会推动自己往前走，使其乘风破浪、一往无前。

行动时刻

　　请写出你的人生使命。

　　如果你还没找到自己的人生使命，试着梳理一下，看看你喜欢、擅长、有意义的事情三者的交集是什么？

　　_____

　　_____

　　_____

　　_____

乔布斯爱上了电子学，因此有了大家熟悉的苹果手机。寿司

之神小野二郎（Jiro Ono）爱上了寿司，因此有了连总统也要去打卡的日本寿司店。摩西奶奶（Grandma Moses）爱上了画画，77岁大器晚成，成了闻名全球的画家。

在新的时代，人们在物质上早已不再匮乏，更多关注精神上的自我实现，希望一生追求热爱，绽放激情。一旦你踏上追求热爱之路，你将享受到人生红利，感受到被"生命之流"推动前行的神奇力量。

当别人在靠着意志力苦苦支撑时，你却因找到"热爱"的铠甲，在追梦的路上一路披荆斩棘、大步向前。**真正的意志力高手，都有源于骨子里的热爱**。你此生最热爱的事是什么？愿你能早日看清人生的真相，开启人生使命的探索，不负热爱、不负此生。

第四节　借用外部力量，成为行动达人

我们通常没有意识到，生活中对我们影响最大的，往往是我们身边的人。所谓"近朱者赤、近墨者黑"。人们在一起时会互相影响，这也潜移默化地引起个体行为的改变，英国心理学家菲奥娜·默登（Fiona Murden）在其书《镜映思维》中做出了详细的阐述。所谓"镜映思维"，简单地说，就是对他人的言行，我们会先观察、模仿，然后理解、消化，重复地做。这样的行为，有些是我们特意去做的，有些是在不经意间做的。

如果你屡战屡败、屡败屡战，可能由于你一直在孤军奋战，忽略了"镜映思维"的力量。

学习不是单打独斗，而是一种社交行为。我们通常通过镜像

神经元观察、模仿他人的行为，学习能力的养成离不开镜映思维，如果你想提高学习效率、实现光速成长，需要有意识地选择有牛人聚集的环境。

1. 你最亲近的朋友是你的镜子

我们通常没有意识到，生活中对我们影响最大的，往往是我们身边的人。用一个生动的比喻来说，这就像你去照镜子一样，你最亲近的朋友是你的镜子，你会不自觉地模仿他们。

想象一下，当你进入一个大家都在悄声说话的环境，你会用正常音调说话，还是会跟大家一样轻声细语呢？我相信，你一定会选后者，这就是"镜映"的力量。

菲奥娜·默登说，"镜映思维"会影响你的收入水平、社会地位、预期寿命、生活质量，甚至生活的幸福指数。你在理解了这一机制之后，就可以将其为己所用，重塑自己的行为。

镜映系统对我们的学习成长很重要，每个人都有自己的"角色楷模"，就是"一个被其他人视为榜样的人"，只是很多人没有意识到这一点。

2. 有意识地选择你的"角色楷模"

根据菲奥娜·默登的建议，你可以有意识地靠近一个积极正面的"角色楷模"，远离负面的"角色楷模"，成为更好的自己。

首先，远离负面的"角色楷模"。

2007 年，《新英格兰医学》期刊发表了一项研究，哈佛医学院的研究人员曾经花了 32 年的时间，对 12 067 名受调查者进行追踪调查。研究发现，在你的一个朋友变胖之后，你变胖的可能性就会提高 57%；如果你们的关系很亲近，那么较瘦的人变胖的概率将提高至 71%。

由此可见，我们身边的人，尤其是跟我们亲近的人，对我们的影响是悄无声息的，我们将受其影响而不自知。

其实，我们所做的每一件事几乎都是如此。难怪当年孟母三迁，我们的老祖宗早就明白了"近朱者赤，近墨者黑"的道理。

其次，靠近积极正面的"角色楷模"。

根据菲奥娜·默登在《镜映思维》中的建议，要想重塑自己的生活，就要靠近积极正面的"角色楷模"。

如果你想健康饮食，那就与饮食习惯健康的朋友相处；如果你想成为行业内的领军人物，那就与已经在事业上有所成就的朋友相处；如果你想要持续精进，那就要与持续精进的小伙伴紧密团结在一起。

总之，你需要有意识地靠近你周围积极正面的"角色楷模"。

最后，确定你的"角色楷模"。

接下来，你可以根据自己的人生目标、自己想成为的人，去梳理一下，在你所关注的特定领域中，到底谁是你的"角色楷模"。

你可能会关注的领域包括：育儿、个人成长、休闲娱乐、健康、工作、环境、家庭关系、社交关系、生活等。

在个人成长方面，你可以问自己以下问题：你想要让谁做你的榜样，你的价值观和态度是什么，谁让你成长、成熟，让你的精神世界更丰盈？

比如，我之前很少看书，总觉得上班已经用尽了洪荒之力，到家便喜欢追剧。后来，我偶然间听到俞敏洪老师的演讲，深受震撼。三年高考落榜后，他考上了北大，身上带着自卑感。读书不但引领他走出自卑，还使他通过独立思考形成了自己的"三观"。对他来说，读书已经和吃饭、睡觉一样自然，他几乎在每一个场合都会带一本书。得知工作忙碌的他依然每年坚持读50多本书之后，我深受触动。我下定决心要向他学习、多多读书，现在，我每年已能读书100多本。

这就是"角色楷模"，即榜样的精神力量。

3. 构建你的个人成长支持系统

一个人如果想持续精进，只有"角色楷模"是不够的。根据个人经验，你可以灵活运用"镜映系统"，主动构建你的个人成长支持系统。和勤奋的人在一起，你将不会懒惰；和积极的人在一起，你不会消沉。与智者同行，你会不同凡响；与高人为伍，你能登上巅峰。和什么样的人在一起，你就会有什么样的人生。

找到靠谱教练。在刻意练习中，教练的作用不言而喻。一个靠谱、认真又负责的教练，能够根据你的练习给出即时反馈，指导你高效进步。

比如，你在学习写作，如果有一个教练能帮你细心点评、指出问题，那么自然比你自己一个人闷头写的效果更好。

找到超级好友。人难免会有懒惰或拖延的时候。这时，如果身边有一位超级好友，能提醒、督促、鼓励你，将有力促进你的行动。"忠言逆耳利于行"，如果你已经有一位对你直言不讳的朋友，那真的是你的福气，一定要珍惜这样的朋友。

找到高能小伙伴。一个人坚持的话，非常容易放弃。但是，如果和高能的小伙伴在一起，那么将能互相温暖、互相鼓励、互相督促、彼此赋能。一个人走可以走得很快，一群人可以走得很远。如果你在现实生活中很少有比较同频、愿意一起精进的小伙伴，那么你可以选择加入一个合适的网络社群。有时候你自己觉得非常有挑战的一件事，在另一个群体里，可能是非常轻松自然的事。

格格读书营的梁静同学就是在高能小伙伴的助力下，完成了日更视频号 60 天的挑战。之前，她觉得录一条视频都是一件天大的难事，想到日更视频便觉得特别恐惧。在她的优秀线上同桌"心言手语"的鼓励下，她义无反顾地接受了日更视频号的挑战。果然是不逼自己一下，永远不知道自己有多优秀。60 天下来，她取得了可喜的成绩：不仅成功坚持日更 60 天，其视频还 9 次获得视频号官方的推荐。她说，自己之所以能取得这些意外收获，是因为社群中有良好的学习氛围。社群里的同学都非常优秀，其中有已经退休的"老大姐"，也有 20 岁出头的年轻人，每天不管多晚，大家坚持完成日更作业。大家在这样积极的氛围下互相鼓励、互相赋能，共同完成了独自一人很难完成的输出挑战。

参加付费学习。 你也可以通过付费学习的形式督促自己。大家平时工作、生活都很忙碌，留给个人成长的时间并不多。一忙起来就特别容易懈怠、放任自流。在付费学习时，有老师讲课、留作业，有助教督促提醒，有同学互相激励，相当于在付费逼自己向前。我的很多学员便是在我的"逼迫"下完成了人生中的第一次 30 分钟读完一本书、第一次写书评、第一次录视频、第一次做思维导图、第一次线上直播、第一次线下讲书分享等，他们戏称自己为"第一次宝宝"。在我的"逼迫"下，他们一次次突破了自己，激发出身上的潜能，变得越来越自信。

创建打卡社群。 除了付费跟别人学习，为了能让自己更好地坚持，你可以创建自己的打卡社群。通过一起打卡的形式，让自己和高能小伙伴团结在一起，督促自己持续行动。你和小伙伴们可以一起打卡早起、打卡读书、打卡跑步、打卡写作等。虽然运营社群需要付出一些辛苦，但在这种抱团取暖的形式下，受益最大的人肯定是你自己。

格格读书营的艾米（Amy）同学就是创建打卡社群的受益者之一。艾米从 2019 年 1 月 28 日开始写感恩日记，到现在已经坚持1000 多天了。很多人深感佩服，好奇她是怎么做到的。其实，她在最开始尝试用感恩的方式记录每天的生活成长时，便发现感恩能增加人的幸福感，但她一个人很难每天坚持记录。在一次偶然的机会中，她在某个社群里分享了写感恩日记的心得，很多小伙伴表示很感兴趣，她便萌生了创建打卡社群的想法。写感恩日记并不难，难在每天坚持，通过创建打卡社群，她和小伙伴们在写感恩日记的路上更有坚持的动力了。有了社群的陪伴，坚持不再是什么难事，而是变成了一种幸福。在长期坚持写感恩日记的路上，她不仅感觉自己的读书写作能力、生活幸福感有了明显提升，连情绪管理能力也得到很大提升，她拥有了更加融洽的人际关系，这些都是创建社群所带来的意外收获。

行动时刻

你的个人成长支持系统都包括什么？

_____

_____

_____

总之，借用外部力量，你将更容易拥有强大的行动力。通过积极主动地加入优秀群体，一个人可以观察别人的言行，从而潜

移默化地受到影响。这本身就是学习的一部分，只是很多人忽略了这点。

学习并不是单打独斗，而是一种社交行为。与凤凰同飞，必是俊鸟；与虎狼同行，必是猛兽。一个人能走多远，取决于他与谁同行。希望你运用"镜映系统"，为你的个人成长助力。希望你找到适合自己的"角色楷模"，并搭建起你的个人成长支持系统。在光速成长后，请你记得用"镜映系统"的力量帮助他人，让自己也成为他人的"角色楷模"，和同路人一起成为更好的自己。

本章知识盘点

1. 收获：本章最重要的 3 点收获

收获 1：_____

收获 2：_____

收获 3：_____

2. 金句：本章最打动你的 3 个金句

金句 1：_____

金句 2：_____

金句 3：_____

3. 输出：你将以哪种方式输出本章所学

输出 1：_____

输出 2：_____

输出 3：_____

4. 行动：读完本章，你计划采取什么行动

行动 1：_____

行动 2：_____

行动 3：_____

第八章

复盘迭代，
在更新中不断进化

个人知识管理的第七步，即复盘迭代。复盘最开始被应用于企业管理领域，后来被应用于个人成长领域。对于个人知识管理来讲，复盘是打造成长闭环的重要一步。除了复盘，你还可以通过其他方式加速个人知识的迭代，比如：创办读书会、创建学习社群、出版人生第一本书等。

第一节　定期进行复盘，实现认知升级

复盘是知识管理的最后一个步骤，也是你形成个人知识管理闭环的关键一步。

"复盘"这个词对普通人来说好像有点遥远。但是，我发现那些光速成长的高手都有定期复盘的习惯。从日复盘、周复盘、月复盘，到年复盘，他们在用复盘迭代自己、加速成长。不管你是想读书学习、精进自身，还是只想把工作干好，都离不开复盘这一神器的助力。

其实，复盘这件事古已有之。古人提到的"前事不忘后事之师""吃一堑长一智""吾日三省吾身"等，都是描述复盘的。复盘是围棋术中衍生出来的，所谓"复盘"，就是每下完一盘棋时，双方棋手都把刚才的对弈过程，重新在棋盘上"摆"一遍，看看自己哪些地方下得好，哪些地方下得不好，有哪些更好的下法，等等。通过复盘，他们可以加深对对弈的印象，找出双方攻守方面的漏洞，这也是围棋棋手提高下棋水平的好方法。这个把对弈过程进行还原，并且进行研讨、分析的过程，就是复盘。据说，凡是下围棋的高手，都有复盘的习惯。

最开始，复盘作为一种管理方法在企业中被推广。对企业来说，复盘是一种非常重要的管理方法，它能帮助企业提升战斗力，把企业打造成学习型组织。联想、万达、华为、谷歌、阿里巴巴等企业，都非常重视复盘。

对于个人来说，复盘是一种有效的学习方法，更是一种行为习惯，个体的成长离不开复盘。在个人成长领域中，"复"是指对过去的复习，"盘"指盘点，"复盘"合起来就是：对过去进行复习、盘点，明确下一步的计划走向。复盘的本质，就是从过去的实践和经验中学习，它是个人成长的重要形式之一。

常用三大复盘方法

1. 联想复盘

复盘在联想逐步演变为企业文化中的重点方法论之一，联想创始人认为，复盘是一种最好的学习方式。你在把工作做完之后，还需要把工作重新回顾、演练一遍，不断检验和校正目标，分析过程中的得与失，并深化认识和总结规律。联想复盘共分为以下四步：回顾目标、评估结果、分析原因、总结规律（见图8-1）。

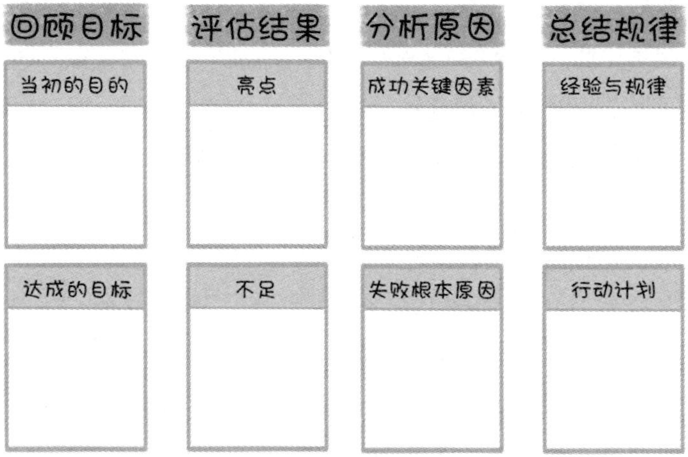

回顾目标	评估结果	分析原因	总结规律
当初的目的	亮点	成功关键因素	经验与规律
达成的目标	不足	失败根本原因	行动计划

图 8-1　联想复盘模板

- 回顾目标

在复盘时，你要先回顾一下自己当初定下的任务、目标是什么。

这里需要特别强调一下，在进行知识管理复盘时，你不仅要回顾自己进行知识管理的目标，还要关注知识管理闭环中的每一个环节：知识输入——知识获取——知识内化——知识输出——知识应用。很多人在复盘时，往往只把目光放在知识输入这一个环节，忽略了其他环节。只有兼顾每一环节的复盘，才是有效的复盘。

- 评估结果

你需要梳理一下任务的实际完成情况，再用结果对标自己的预期目标。尤其是用数据来体现你的结果，量化你的结果。经过对比后，你可以发现与原目标相比，结果中存在的亮点和不足。

- 分析原因

成功原因和失败原因，你都要进行充分分析，看看是由哪些主观和客观因素所致。尤其是不足之处，要深入分析、反思，找出导致结果的根本原因。

- 总结规律

在分析完原因之后，你需要思考一下，自己从这件事中，能总结出什么经验与规律，提炼出什么方法论。有哪些方法有效，需要继续使用？哪些方法无效，需要被优化、改进？

2. 任务后检视法（AAR）

AAR（After Action Review）最早是美国陆军所采用的一种任务检视方法，指针对一件事进行专业性讨论，目的为使参加者自行发现发生了什么、为何发生及该如何维持优点并改正缺点。

美国陆军在进行 AAR 时，通常会问自己以下四个问题。

原定的任务与目标是什么？

实际发生了什么？

为什么会发生这样的情况？

下次我们该怎么办？

在回答问题的过程，你应进行经验萃取，并且视情况将相关的经验形成管理或规范，提升整个组织的战斗力。

3. 华为知识收割

华为的知识收割逐渐受到大家的关注。在《华为学习之法》中我们看到，华为人认为，华为公司最大的浪费就是对经验的浪费。各级主管一直在苦恼如何持续提升员工的作战能力，确保业务交付效率与质量的不断提升。知识管理正是解决这一问题的钥匙。在华为的知识管理理念中，最重要的是在项目中落实知识管理的方法，在项目早期系统地主动学习先前同类项目的成功经验和失败教训，在项目中不断复盘并改进，在项目结束后专门做一下回顾，以不断提升业务交付的效率和质量。

华为知识收割一般针对三类对象：第一类，首次探索的重点项目；第二类，重复出现问题的领域；第三类，日常高频操作的领域，华为知识收割一般从流程方法论和业务解决方案两个维度展开。

以上即 3 种常用的复盘方法。特别提示一下，在复盘时，你要找到复盘的节奏。有人以时间为单位进行复盘，进行诸如日复盘、周复盘、月复盘、半年复盘、年复盘的活动。有人以项目为单位进行复盘，并在项目完成后，对知识进行梳理。

格格读书营的嘉运同学就成功坚持日更视频号 300 天，这离不开复盘的助力。最开始，她在完成日更视频号 60 天这个小项目时，进行了一次复盘。她最初纯粹是为了挑战自己，挑战不可能，才决定跟我一起日更视频号 60 天。但是，在坚持了 60 天之后，她放弃了，觉得心里不是滋味。于是她开始复盘，盘点自己这 60 多天的得失。60 天后，她学会了视频制作，录制视频的时间越来越短。但是，由于经常随意发一些吃喝玩乐的视频凑数，视频质量堪忧。她认真回顾了自己最初挑战日更的三大目标：第一，输出倒逼输入，用视频讲书的方式推动自己读更多好书；第二，锻炼自己的文案输出能力，从简洁的视频文案开始慢慢提升写作能力；第三，锻炼语言表达能力，每一次真人出镜录制视频都是一次提升的过程。通过复盘，她明确梳理了做视频号的目标，发现了结果与目标之间的差距，分析了视频质量不佳的原因，并找到了解决办法。于是，她再次出发，和我一起日更视频号。这一次，她找回日更的节奏，并且渐入佳境，她的讲书视频也多次获得官方推荐。通过复盘，她找到了坚持的原动力。

知识复盘的结果呈现 5 种形式

知识复盘不是停留在脑子里的空想，其应该以知识产品的形式交付，以方便后期存档和查看。知识复盘的结果呈现主要包括笔记、清单、模型、案例、文档 5 种形式。

1. 笔记

笔记是对知识的总结和提炼，是最常见的呈现形式之一。之前介绍的两大工具浮墨笔记、思维导图，和在知识内化章节中提到的记笔记方法，都可以帮助大家更好地记笔记。

2. 清单

清单通常是做一件事的检查表单，便于人们在开展行为时进行检查，以确保没有遗漏。在知识输出章节中，我给大家分享的"新手写书评检查清单"就是一份这样的清单。

3. 模型

所谓模型，就是思考的框架。查理·芒格说，思维模型主要来自重要学科的重要理论。最开始，我们收集的模型主要来自图书和文章，慢慢地，我们会在实践中总结出自己的模型。在前面的知识内化章节中提到的"五星笔记法"，就能帮助大家在工作、生活的实践中，提炼自己的思维模型。

4. 案例

每一次具体的行动后，我们都可以对案例进行梳理。不管是成功的案例，还是失败的案例，都具有重要的价值。比如本书中的真人真事，就是一些经特意梳理的案例。

5. 文档

有时，一些重要文件，如 PPT、流程、模板等，也非常有借鉴意义，我们在复盘时需要统一整理并存档。

知识复盘注意事项

特别要注意的是，我们对显性知识和隐性知识都要进行复盘。对显性知识的复盘相对容易，我们能看得到自己读了多少书、看了多少文章、听了多少课、记了多少笔记，而看不到隐性知识的增加、技能的提升，因此我们经常忽略了隐性知识。我们可以从与人交流和参加活动两个维度复盘自己所获取的隐性知识。

这里需要提醒一下，我们在复盘后要写出改进方案，即下月的行动计划，并将其转化到后续的行动中。**要想有不一样的结果，必须要有不一样的行动，不要试图用同样的行动引发不同的结果。**用行动来迭代自己、不断进步，才是复盘的最大价值所在。

当上述知识复盘的产品形成后，复盘并非就结束了，我们需要用工匠精神对知识交付的成果进行不断优化，通过迭代实现螺旋式上升。

> **行动时刻**
>
> *请列出你的复盘计划。*
>
> _____
>
> _____
>
> _____

无论成败，只要认真复盘，我们都会学到知识和智慧。不要轻易放过任何一段经历和经验，如果能够从每一段经历和经验中榨取一点未来能用得上的财富，日积月累下来也是大智慧。其实，不只是在知识管理领域，在任何领域，若想达成某一目标，我们都需要不断复盘。

第二节　创办读书会，促进知识更新

读书会是一个非常好的学习交流平台，大家在有效的学习方式和学习氛围中和志同道合的人聚在一起。经常参加读书会线下活动，还能促进知识更新。

本杰明·富兰克林是美国开国元勋之一。他早在 21 岁时就和伙伴们创办了读书会，他们召集了不同领域的人员，采取共读经典、分享心得的方式以求共同成长。大家以读书和分享为纽带建立联系，同时又在各自的领域发展成长。很多年以后，这个组织变得非常有影响力，大家互相支持、帮助，有的人成了测量局局长，有的人成了州法官，而富兰克林本人也成了领袖人物。之后在读书会精神的指引下，富兰克林和他的朋友们创办了宾夕法尼亚慈善学校，即今天的名校——宾夕法尼亚大学。

曾有很多小伙伴告诉我，他们特别羡慕北京的小伙伴，因为北京有我创办的"格格读书会"，而他们所在的城市并没有读书会。每当遇见这样的朋友，我都会告诉他，你可以自己创办一个读书会。

科学家尼葛洛庞帝（Negroponte）说："预测未来最好的办法就是把它创造出来。"幸福生活不会从天而降，你需要自己创造想要的幸福。哪怕读书会活动最开始只有两三个人参加，你们也可以共同策划日常的学习和交流分享活动。随着不断举办活动，越来越多的同频小伙伴会受到你们的吸引而加入读书会。

我从 2015 年开始创办公益线上社群、举办读书会线下活动。2018 年，我开始通过格格读书会线下活动的形式，定期举办公益读书活动。现在，我在北京每周定期举办 1 ～ 2 场线下活动。

在很多人眼里，格格读书会是一个神奇的读书会。我没有以营利为目的，单纯因为热爱，坚持零预算、零收费、零工资公益运营，这个读书会因为没有商业模式，一出场就不被人看好。截至 2022 年 11 月，格格读书会已经运营了四年，并将继续运营下去。现在，格格读书会已经被很多人称为北京最好的读书会之一。四年来，很多小伙伴在这里共读好书、聆听分享、锻炼演讲，感受成长的快乐。很多小伙伴在这里寻找大咖、结交好友，甚至还有一些人通过读书会找到了工作。作为读书会的发起人，我感到无比自豪和骄傲。在创办读书会的过程中，我不仅帮助他人成长，自己也在光速成长。

参加读书会的 4 大好处

1. 约束鞭策，促进认知升级

人人都有惰性，会有想偷懒的时候。如果报名参加别人的活动，我通常是只挑感兴趣的参加。而且，即使报了名，我也会因为某些意外情况而缺席。但是，如果是我自己创办的读书会，我就一定会参加，并且会准时参加，不会偷懒。我们的读书会需要免费的场地，但活动场地离我家很远。我为了参加读书会活动，每次往返需要 5 小时，每晚活动结束到家时已经是夜里 23 点多了。多年以来，我坚持参加活动，风雨无阻。如果这是别人举办的读书会，我肯定没有这么大的动力。

正是因为这份坚持，我在一次次聆听别人的分享中，在一次次与别人的交流中，加速了自己认知升级的速度，自然也比别人进步得更快。

2. 锻炼能力，实现个人跃迁

在运营读书会的过程中，我的能力得到了全方位的锻炼。除了最基本的读书和讲书能力，我还要对内组织协调、对外连接资源，应对各种突发情况。在这一过程中，我的组织能力和领导能力都得到了提升。

最开始决定定期举办格格读书会线下活动时，我还只是公司里的一个普通员工。在读书会，我需要独当一面，没有场地，那就想办法找场地；没有团队，就想办法找人帮我；没有资金，就自己掏腰包出钱。没有大咖，那就自己"刷脸"找人帮忙……总之，只要想让读书会活下去，我就会遇见各种各样的困难。而正是在一次次克服困难的过程中，我的能力不断提高，慢慢地实现个人跃迁。

3. 结识朋友，连接同频小伙伴

在创办读书会时，即使你不能记住每一个参加活动的小伙伴，也将成为活动的枢纽。通过读书会，你也可以帮助别人找工作、找对象、找资源、找合作机会。

长期地利他型付出会使别人信任你。陌生人之间的信任难能可贵，是无价之宝，在你需要帮助的时候，你也不知道谁会站出来，给你无私的支持。格格读书会得到了小伙伴们的热情支持，没有场地，有人提供免费的场地；没有团队，有小伙伴提供各种超级给力的志愿服务；没有资金，在举办重大活动时，热心小伙伴们会慷慨解囊，出钱出力。也正因如此，读书会活动总有茶歇，也总有大家热情赞助的各种礼物。所谓"众人拾柴火焰高"，大家的热情支持使得一个公益读书会越做越好。

4. 意外惊喜，打开人生另一扇门

有些书友因为经常参加读书会活动产生了一些想法，把读书会的运营方式在公司里进行复制，带领公司的同事一起读书、学习，他们也因此得到领导的赏识，成功升职加薪。

我本人也因运营读书会收获了意外惊喜。从 2015 年开始，我便由于热爱读书而创办了读书会，到现在已经有 8 年的时间。8年来，我通过读书会参与书友们的成长，也因举办公益读书会找到了人生使命——用读书为成长赋能。斯蒂芬·茨威格（Stefan Zweig）说："**一个人生命中最大的幸运，莫过于在他的人生中途，即在他年富力强的时候，发现了自己的使命。**"我就是这样一个非

常幸运的人。找到使命后，我不再迷茫，方向坚定，创办了线上付费社群"格格读书营"，好评如潮，于是我离职创业，随后出版了图书《榨书》，完成了从职场打工人到自由职业者的蜕变。

如果你也躬身入局，亲自创办读书会，相信也将收获无数惊喜。其实，创办读书会并没有大家想得那么难，普通人该如何从 0 到 1 创办读书会呢？

普通人如何从 0 到 1 创办读书会

1. 创办热情

很多人觉得创办读书会特别难，其实只要你想，便一点也不难，关键是有多想。我在创办格格读书会时，可谓困难重重。我手里没有一分钱预算，没有场地，没人帮我，也没有人给我发工资……但我特别坚定：我想办一个自己喜欢的读书会。没有预算，我自己出钱；没有场地，我去找可用的场地；没人帮我，就去请朋友帮我做海报图；没人给我发工资，我因真心热爱读书，喜欢和书友们交流学习，而愿意"为爱发电"，将公益读书会办下去。

2. 活动场地

想要办线下活动，最重要的是确定活动场地。最好选择交通便利、离地铁站近的位置，方便大家出行，同时，场地要能播放 PPT、有话筒，这是活动得以正常进行的一些基本保证。

最开始我选择了一家合适的咖啡馆，大家各买一杯咖啡，开启了第一次活动。当时，参与活动的鲁晓东同学见我没有场地，连精心制作的 PPT 都无法播放，便非常热情地为我提供免费场地。后来，我的同学蒋芳杰为我提供了更加高大上的免费活动场地，使得活动得以有序进行。

3. 分享人员

每次读书活动都需要有人分享讲书，这也是活动质量的重要保证。最开始，发起人通常自己讲书。等活动做起来之后，便可以慢慢地在参与人员中挖掘合适的分享人员。这样，读书会活动就能正常运转了。

在分享人员正式分享之前，我们通常还要对其进行辅导，帮助分享人员确定主题、大纲，并审核 PPT。对于缺乏演讲经验的人，我们更要悉心指导、多加鼓励。分享人员在读书会得到锻炼和成长之后，也会增加对读书会的认可。

4. 活动招募

最开始，我请朋友帮我做了一张高大上的海报图，并拿它发了朋友圈，开启了第一次活动。当时，算上我，第一次的线下活动一共有 11 人参加。

由于活动体验好，参与活动的小伙伴会在活动结束后，主动帮忙发朋友圈，这便属于口碑宣传。

后来，我开始在网络各大平台上宣传读书会的相关信息。优质的活动加上适当的宣传，使得我们根本不用为了活动招募而担心。现在，读书会每次的活动名额基本要靠抢，名额一经放出，很快会被抢光。

5. 活动费用

我们读书会从创立之初，一直坚持公益运营，从未向大家收过一分钱，放鸽子的人也并不多，因为我执行了"审核制"。所有想参与的人员，都必须按要求写一份 600 字的申请书，经我审核通过，才能加入读书会。

大部分人都认真写申请书，若申请人比较优秀，则会被审核通过，受邀进群。也有一小部分人，或是复制了网络信息，或是本身有极强的销售动机想来读书会获客，此时我将果断拒绝其加入。

格格读书会可能是极少数地会拒绝别人参加的读书会，对此，有人表示不理解。但是，我坚持审核制，并严格执行审核制，守住了读书会的门槛，保证了参与人员的质量。如果人们在读书会互动交流时，发现周围都是优秀的小伙伴，将更容易与他人同频共振，互动交流的收获也将更大，体验也会更好。试想一下，如果你在参加读书会时，发现周围的人并不是读书人，而是一些营销人员，你会有什么样的感受呢？

➲ 延伸阅读 格格读书会运营 6 大特色

特色一：坚持公益运营

一直坚持零收费，且没有任何营销，这让大家拥有足够的安全感，体会到一种难得的温暖。

特色二：活动形式丰富

不只是读书，读书会还有多种活动形式，包括好书共读分享、作者亲临分享、大咖主题分享、静心抄经、线下游学等形式，让大家得以获得多方面的成长。

特色三：为成长赋能

你也可以走上讲台，为大家做讲书分享，用输出倒逼输入，锻炼口才和胆量，还可以加入运营团队，锻炼自己职场以外的能力，比如做主持、拍照、拍视频、操盘项目、写宣传稿等。

特色四：注重线下链接

线下活动的意义之一，就是深度连接、彼此赋能。读书会每

次活动都有精心设置的链接环节，让同学们分组讨论，进行自我
介绍并分享活动心得。即使你是社恐也不用担心。

特色五：超级温暖有爱

很多书友积极支持读书会，帮忙提供场地、茶歇、礼物等。
独特的温暖氛围，让很多人爱上这里，把读书会当成了另一个家。

特色六：优质活动体验

为保证活动质量，格格读书会一直坚持审核制，这有效维护
了一个同频的独特高能量场域。同频优秀小伙伴在一起交流互动，
才会发生神奇的链接，充分为彼此赋能。而且，随着我个人成为
畅销书作者，我基本每次活动都会安排加餐分享，这也让参加的
书友有惊喜之感。

以上 6 大特色，使格格读书会在北京众多的读书会中脱颖而
出。很多人在对比北京多家读书会后，最终选择加入我们。很多
人称，格格读书会是他们参加过的北京最好的读书会。

我希望和大家一起多读书、读好书，不辜负大家宝贵的时
间。在读书会活动中，我跟大家一起学习知识、升级认知，在
和大家的互相交流中获取隐性知识，汲取积极的能量，我本人
也是读书会活动的最大受益人，感恩所有书友对格格读书会的
支持。

如果你觉得像我一样从 0 到 1 创办民间读书会太难，那么你
可以考虑为你的公司创办企业读书会。这将为你的职场表现加分，
帮你连接不同部门的同事，提高你在公司的影响力。

> **行动时刻**
>
> 请写出你的读书会第一次活动的策划方案吧！
>
> 内容包括：主题、时间、地点、分享嘉宾等。
>
> _____
>
> _____
>
> _____

一本书就像一艘船，带领我们从狭隘的地方驶向无限广阔的海洋。而创办读书会的人就像是这艘船上的灵魂摆渡人，带领大家乘风破浪。未来，我将坚守初心，继续在北京为书友们守候一方温暖有爱的读书净土，也希望能有更多的人来创办读书会，带领大家多读书、读好书，用自己的微薄之力推进全民阅读，建设书香社会。

第三节　创建学习社群，促进知识迭代

互联网加快了知识迭代的速度，我们手机上的 App 每周都在迭代，初次发行时功能很一般的 App，也可以通过持续迭代演变为广受欢迎的 App。其实，人们的知识也类似，迭代的速度比最初的天赋要重要得多。不怕起点低，就怕你迭代的速度慢。

学习社群的作用

学习社群是知识付费时代大家普遍认可的一种学习形式。如

果说参加学习社群是获取知识的重要方式之一，那么自己创建学习社群，则更能倒逼你对知识进行迭代。

在创建学习社群的过程中，还会产生许多意外惊喜。如果社群收费的话，那就是你的一笔副业收入，如果付费社群运营良好，则可以变为你的主业。我自己就因创建社群这件小事改写了人生，成为很多人羡慕的自由职业者和畅销书作者。

当时，我在坚持运营公益读书会这件事上，很多人不理解我。在有些人眼里，一个人愿意长期自己出钱、出力、欠人情，零预算、零收费、零工资地去运营读书会，那么他一定别有用心。于是，他们说了很多难听的话。曾经，在面对一些不解和质疑的声音时，我也会伤心难过。但是，在后来的自我反思中，我发现，"用读书为成长赋能"就是我的人生使命。我乐此不疲地运营公益读书会，每当有人告诉我，他因为认识我而爱上读书，从而开启能量满满的生活时，我就觉得特别开心。我发现，这种帮助别人成长带来的巨大成就感和喜悦之感，远远超过了升职加薪带来的快乐。

在找到了人生使命后，我的人生仿佛一下子被唤醒了，我希望带领更多人一起读书成长。那时，我发现了线下读书会的局限性。格格读书会只能覆盖北京地区的人，而且，即使是北京的书友，也有人会因为地点太远或时间不便而无法参加。如果我希望带领更多人一起读书成长，那么创建线上学习社群则是一个最佳选择。而且，这次的学习社群不再公益运营，而是改为付费学习社群，因为我慢慢发现了免费公益社群的学习效果并不理想。我从 2015 年开始运营公益线上社群，分文未收，开始时大家都觉得在社群中学到了不少东西。但是，慢慢地，这种免费社群因不收费反而不受大家重视，更谈不上什么学习效果了。

为了让学习效果最大化，我决定做一次付费学习社群。

于是，2019 年 8 月，我创建了"格格读书营"，将自己 10 年以来积累的读书成长方法进行梳理，开发成一系列的课程，用付费线上学习社群的形式去交付。创建学习社群，使我把热爱变为事业，出版了《榨书》，走了更远的路，看了更多的风景。

格格读书营从创建至今一直运营良好。在激烈的市场竞争中，很多人在创建学习社群时会因招不到人而关门大吉，而我的读书营期期爆满，得到大家的一致好评。

创建学习社群的 3 点方法

我创建学习社群的主要方法包括 3 点。

1. 产品：错位竞争

在我选择的知识付费读书社群赛道，竞争非常激烈，大咖云集，比较知名的产品包括樊登读书、得到、十点读书等。

我作为一个"小白选手"，没有资源，没有资金，靠着自己的一腔热情，如何才能顺利切入这个赛道，成功存活下来呢？这是我面临的第一个问题。

面对激烈的竞争，我选择了"错位竞争"，在《第二曲线创新》这本书中，作者李善友提出，"错位竞争"是创业的第一法则。所谓"错位竞争"，简单来说，就是与其更好，不如不同，要找到竞争中的差异化优势。

那么，格格读书营与市场上的各位巨头，如何才能不同呢？

经调研，我发现，当时市场上主要有 3 类产品。

第一类产品：听书类产品。比如樊登读书、得到的每天听本书、十点读书等，已经拥有大量的用户。我在讲书方面并无优势，如果模仿巨头去做，无异于以卵击石。

第二类产品：共读类产品，比如秋叶大叔的书友会，带着书友们 7 天共读 1 本书，而且还免费。这背后有巨大的资源优势，我无法与之相比。

第三类产品：方法类产品，通常是讲高效阅读的方法，市场上有不少老师，都在讲自己的读书方法。

经分析，我发现，我的独特之处在于，我通过读书实现了个人飞速成长，很多人觉得我的成长故事特别励志、充满能量。我决定将个人成长经验梳理成一系列课程，打造出以读书为起点的读书成长方法论。事实证明，这样的"错位竞争"是有效的。格格读书营于 2019 年 8 月推出第 1 期时就得到了学员的一致好评，在后期的运营中也收获了学员们的肯定。

但是，即使得到了大家的认可，我也不敢松懈。市场竞争就是一条无形的小皮鞭，督促着你不能偷懒，不然就会被淘汰出局。我不断学习，通过大量读书、听课、与高手沟通等不断迭代自己，打造出自己的产品矩阵，现在我的主要产品包括以下 5 类：

- 7 天快速阅读营
- 7 天好书共读营
- 60 天读书行动营
- 60 天短视频讲书营
- 读书会创始人训练营

鹰击长空，鱼翔浅底。通过"错位竞争"，我有幸在激烈竞争中有了一席生存空间。

学员们反馈，我开发的课程非常独特，虽然他们也上过不少读书营，但我提供的课程独一无二。而且，因为我一直在迭代课程，学员们即使二刷三刷，也不会觉得内容有重复，在听课时总会有新的收获。在备课的过程中，我不断提升认知，打造出自己的知识体系，也在加速自己的进化速度。

2. 运营：暖心服务

打造出好产品后，"好运营"是关键，这是用户体验的重要部分。好运营，能让学员的改变看得见。

第一，精心设计课后作业。我会通过作业的形式，督促大家学以致用，学员的学习效果显著，改变也看得见。很多学员在读书营实现了人生中的许多个第一次，比如第一次 30 分钟内读完一本书，第一次写书评，第一次直播分享，第一次采访陌生人，第一次录讲书视频等。

第二，多角度点评学员。通过"老师点评＋助教点评＋同学点评"三重点评的形式，给学员多角度的反馈。在点评中，有人提建议，有人给鼓励，有人给方法。我一直坚持亲自给学员点评作业，这与市场上大部分老师把作业交给助教点评的做法不同，也得到了很多学员的认可。读书营因此被营造出一种温暖有爱、团结互助的高能氛围。很多人喜欢这种被看见、被重视、被鼓励的温暖感受。

第三，准备各种彩蛋。为了鼓励大家学习，我还设计了一些彩蛋礼物，比如读书笔记本等定制文创，带有格格手写读书笔记的书等。这些礼物在成本上不高，但学员都特别喜欢。好多人为了拿到最后的礼物，努力按时交作业，跟上进度。

运营上，为了给学员超级暖心的服务，我一直在关注学习运营领域，不断迭代，以营造良好的学习体验。

3. 营销：口碑营销

想做一期读书营并不太难，谁的朋友圈里都有一些爱读书学习的人，难的是如何持续招生，让读书营长期存活下去。这是我从办第 2 期读书营开始就必须面对的问题。

为此，我必须找到自己的方法，以实现持续增长。经过分析，我发现我的性格不擅长营销，我不习惯主动加别人的微信、群发广告等，也不会突然把大家拉到某个微信群里做推销，只靠在朋友圈发海报图进行宣传。

我的核心能力体现在运营上，致力于追求有效的学习效果和惊喜的学习体验。推广方面，一方面，有些老学员会多次参加读书营学习，另一方面，老学员会主动帮你介绍新学员，这才保证了读书营的可持续发展。

总结一下，如果你也想创建学习社群，需要关注以下 3 点：

- 好产品：用"错位竞争"打造独特产品。
- 好运营：用运营带来良好效果。
- 好口碑：用好效果带来好口碑，解决持续招生的问题。

瑞·达利欧（Ray Dalio）在《原则》里写道：**"如果你现在不觉得一年前的自己是个'蠢货'，那说明你在这一年中没学到什么东西。"** 在创建学习社群的过程中，一方面你用知识交付为学员赋能，另一方面为了不辜负学员的信任，你需要不断迭代知识、升级自己。教是最好的学。你将在不知不觉中成长，变成一个更加强大的自己。这样即使有一天，社群招生困难，你无奈停止营业，这一次成长历练也将化作你坚硬的铠甲，使你无惧风雨。

第四节 出版第一本书，系统梳理知识

很多普通人都有出书的梦想，出书可谓好处多多。在出书之后，你会发现，书就是你的敲门砖，你用书敲开了一扇全新的大门，来到了一个全新的世界。

我在 2021 年 11 月出版了《榨书》，并切实感受到出书带来的好处。

出书带来知识管理的复制

1. 出书是一次知识梳理

写书需要系统梳理自己的知识体系。全书应逻辑严密，知识自成体系。在写书时，你需要做大量的主题阅读，查阅大量的资料，借此完成对知识的查漏补缺、更新迭代。因此，我特别佩服那些每年出一本书的人，这说明他们个人知识迭代更新的速度非常快。

2. 出书是权威靠谱的象征

比如，市场上做读书营的人非常多，但能出书的人并不多。这也帮我在激烈的竞争中脱颖而出。别人会觉得你能出书特别厉害，增加了对你的信任感。有些学员对我说，他当时是在比较了多个读书营之后才决定选择我的产品，出书无疑是我参与竞争的加分项。

3. 出书是打破圈层的利器

你不知道你出的书会被谁看到，这也帮你成功打破自己的圈层，实现跨界社交。出书帮你提升了个人影响力，带来新的朋友、新的资源、新的合作机会。我就因为出书而被邀请到企业培训，这在之前是我根本无法想象的事情，原来我出的书也是一张非常好的社交名片。

4. 出书是联系朋友的纽带

在我出书后，一些许久不联系的人也会主动找我聊上几句、恭喜一下。有些陌生朋友也在添加我的微信后表示，能和一个图书作者说话感觉特别荣幸，这也让我觉得不好意思。所以，你在出书后不如联系一下新朋旧友，把书送给朋友们以激活自己的朋友圈。

5. 出书是产品引流的神器

现在流量非常贵，即使花钱买来的流量质量也可能不高。但是，如果你能出书，这时你的读者就是你的潜在粉丝，书能持续帮你引流。这也是在知识付费领域里，很多知识IP都会选择出书甚至持续出书的重要原因之一。

总之，出书之后，你的人生将充满惊喜。也许你将升职加薪，也许出书会为你带来全新的职场生涯。从某种意义上来说，写书是最好的自我投资，出书为你个人增加了势能，让你尽享知识管理的复利。

那么，普通人该如何出书呢？

普通人出书关键8步

1. 确定选题

对写书来讲，找到对的选题最重要。不要自己闷头写，方向很重要，不然你一动笔就错了，做的都是无用功。什么是对的选题呢？简单来说，就是有市场需求，而且是你所擅长、能写出干货的领域。有了选题，找到对的出版社，你就能正常出书，不用花一分钱。

如果你的选题市场需求量小，没有出版社愿意接收，你也可以选择自费出书。

2. 打磨样张

在确定选题后，你要打磨样张，即包括全书目录和几千字正文的小样。目录大纲是全书的知识框架，小样代表着你的文字水平。在找到对的出版社后，这些都是你选题表上的重要内容。你需要反复打磨修改这几项内容，如果出版社审核选题合格，则你需要与出版社正式签订出版合同。

3. 正式写作

正式签订的出版合同上，都有明确的交稿时间和字数要求，你需要在约定时间内，按时、按质、按量写出书稿。在写作时注意要有版权意识，不要侵权。

如果你平时就有知识管理的好习惯，你会发现写书非常轻松，此时写书也不过是对你个人知识体系的一次系统梳理。你看过的书、听过的课、见过的人、参加的活动、记过的笔记、写出的文章、录出的视频、一次次线上和线下分享，都是你写书的素材，为你的大脑注入源源不断的能量。你所需要做的，只是对它们进行重新梳理、组合创新。

写作时，你要注意找到写作的节奏。如果你是利用工作之余写作，那么需要做好项目规划，利用晚上、周末等时间写作。如果是在一段时间内集中写稿，那么要注意劳逸结合。每天在全身心投入写作之余，锻炼身体，通过运动释放压力和疲惫。另外，在写作期间，你最好进行写作领域的主题阅读，这会激发你的写作灵感，拓宽你的写作思路。

4. 按时交稿

在完成书的初稿后，你需要修改、打磨文字，最好再为书稿配上插图。在按时交稿的前提下，你不要着急，为了写好内容，你要好好打磨每一个细节。通常，一本书的书稿在 12 万字左右。

5. 编辑环节

书稿被交到编辑手中后，会被进行非常细致的审校工作。通常，编辑会把书稿打印出来，一句句编校，终审合格后，则有安排排版、封面设计、申请书号等事宜。这一过程中，如果编辑有修改的需求，你应及时响应、认真修改、好好配合，不要因为拖延症而影响书稿进度。

6. 印刷发行

随后，出版社会委托印刷厂印刷图书。一本书，通常是先从印刷厂库房被运到出版社库房，随后被发到各个电商处，再从电商处通过快递发到购书的读者手中。由此可知，印刷好的书，是出版社的财产，并不在作者手中。出版社会送作者一些书，除了这些书，作者平时想用书也需要自行购买。

7. 宣传营销

在书终于出版上市之后，可以说万里长征只走了一半。随后，你要投入营销宣传工作中。有的作者不重视营销，以为书自然会被销售出去，这是一大误区。出书并不是你辛苦写作的终极目的，只有把书卖好，你才算没有辜负之前的努力。想要在每年出版的无数新书中脱颖而出，你需要调动所有的资源和能量，配合营销编辑，下一番工夫，打一场漂亮的仗。

在《榨书》上市时，为了卖书，我特别紧张。我这个人性格内向，不擅长营销，小伙伴一直戏称我是"佛系营销"。可是，等到卖书时，我发现我再也不能佛系了。因为这是我自己写的书，我不亲自上阵为它拼杀，难道还要靠别人吗？那时的我特别焦虑，感觉被人逼到了绝境，非要去做自己并不擅长的事。于是，我硬着头皮主动请教他人，学习图书营销、收集成功案例，最终才敲定了自己的图书营销方案。功夫不负有心人，一番努力下来，我的图书销量数据十分可观。《榨书》在上市半年内，每个月加印一次，我成为传说中的畅销书作者。

8. 持续出书

不要以为，成功出版一本书，就高枕无忧了。事实上，细心观察就会发现，高手们一直在出版新书，出书也不断为他们赋能。要想持续出书，你就要注意平时的个人知识管理，用出书的方式倒逼自己加速迭代。

秋叶大叔就是持续出书的典范。如果你到网上搜索"秋叶"，会发现他的主要图书作品多达几十本。秋叶大叔既是武汉工程大学副教授，又是秋叶商学院的创始人。目前，他的作品涉及 PPT、Excel、Word、社群营销、新媒体营销、时间管理、读书、写作、创业、短视频等领域。作为一名创业者，他的工作非常忙，但是他非常擅长抓住碎片化时间写作，因此非常高产。他戏称，出版社的合同就像一条鞭子，在逼着他按时交稿。平时，他会有意识地积累写书素材，比如在阅读、和人交流时，都会汲取灵感、及时保存。随后，如果时间允许，他会集中一段时间闭关完成书稿。有时他会在春节集中用一个星期的时间，一口气写完一本书。由此也可以看出，秋叶大叔并不是在一星期内凭空产出一本书的，而是把一年中知识管理的积累集中进行了梳理，才做到了写书时如此高效。通过出书，他赚取了很多稿费，还增加了个人影响力，不断为业务带来新的读者、流量，出书也让他的事业越走越稳。

即使我们做不到像秋叶大叔那样高产，只要注重个人知识管理，做生活中的有心人，相信我们也一样可以实现出书的梦想，让梦想照进现实。

路虽远，行则将至。事虽难，做则必成。作为普通人，想要写书、卖书并不容易。你不妨把它看作一场人生的历练。所有的努力都是有意义的，我们要享受这一努力带来的改变。经过这场历练，我们会更加坚定决心，更有信心、勇气和力量去面对人生中的一些未知难题。

本章知识盘点

1. 收获：本章最重要的 3 点收获

收获 1：＿＿＿＿＿＿＿＿＿＿＿＿＿＿＿＿＿＿＿＿＿＿

收获 2：＿＿＿＿＿＿＿＿＿＿＿＿＿＿＿＿＿＿＿＿＿＿

收获 3：＿＿＿＿＿＿＿＿＿＿＿＿＿＿＿＿＿＿＿＿＿＿

2. 金句：本章最打动你的 3 个金句

金句 1：＿＿＿＿＿＿＿＿＿＿＿＿＿＿＿＿＿＿＿＿＿＿

金句 2：＿＿＿＿＿＿＿＿＿＿＿＿＿＿＿＿＿＿＿＿＿＿

金句 3：＿＿＿＿＿＿＿＿＿＿＿＿＿＿＿＿＿＿＿＿＿＿

3. 输出：你将以哪种方式输出本章所学

输出 1：＿＿＿＿＿＿＿＿＿＿＿＿＿＿＿＿＿＿＿＿＿＿

输出 2：＿＿＿＿＿＿＿＿＿＿＿＿＿＿＿＿＿＿＿＿＿＿

输出 3：＿＿＿＿＿＿＿＿＿＿＿＿＿＿＿＿＿＿＿＿＿＿

4. 行动：读完本章，你计划采取什么行动

行动 1：＿＿＿＿＿＿＿＿＿＿＿＿＿＿＿＿＿＿＿＿＿＿

行动 2：＿＿＿＿＿＿＿＿＿＿＿＿＿＿＿＿＿＿＿＿＿＿

行动 3：＿＿＿＿＿＿＿＿＿＿＿＿＿＿＿＿＿＿＿＿＿＿

后　记

成为知识管理的超级个体

数字化时代的影响深入人们工作、生活的各个角落。20 世纪90 年代，在微软的推动下，计算机几乎成为人人必备的工具。21世纪初，苹果手机又引领了智能手机的潮流，为人们的工作和生活带来方便。

在 21 世纪的今天，前所未有的便捷也带来了前所未有的焦虑。社会变化如此之快，人们面对越来越多的不确定性与前所未有的挑战，对未来不免生出一种无力感。

人们就像希腊神话中的西西弗斯，日复一日地将沉重的巨石推到山顶，而石头每次快到山顶时就会滚下山脚。这时，人们需要再次把石头推上去……这个过程不断重复、永无止境，人们似乎永远也找不到出口。面对这样的挣扎与无力感，真正的救赎便是在苦难之中找到生的力量和心的安宁。

面对不确定性与风险，我们不仅需要有直面的勇气，更需要提升个人知识管理能力，提高自己的反脆弱性，这样才能如西西弗斯般与挣扎共处，成长为真正的超级个体。

这些年，我见过太多朋友因个人知识管理而受益。有人培养了良好的学习习惯，成为幸福的终身成长者；有人打造认知优势，提高了个人核心竞争力；有人开启副业变现，更好地应对了生存问题；有人和我一样成为自由职业者，开启了生活的另一种可能；还有人因此致富，过上全然不同的人生。

那么，面对复杂的、不确定的未来，数字化时代的超级个体，到底需要具备什么样的能力呢？个人以为，主要有三点。

1. 培养面向未来的能力

领导者必须拥有面向未来的能力，才能引领组织前进。个人也需要拥有面向未来的能力，才能更好地适应时代的变化。

华为一直非常注重培养员工面向未来的能力，为了让华为持续进步与成长，华为重视培养员工的危机意识。在任正非的指导下，华为人始终没有放弃学习，保持着强劲的增长势头。

个人更应该居安思危，积极培养自己面向未来的能力。关于职业规划，领英和 PayPale 的联合创始人雷德·霍夫曼（Reid Hoffman）有一个非常著名的"ABZ 理论"。他认为，个人在任何时刻，都要有三个计划，即"ABZ 计划"。

A 计划（职业计划）就是你目前能够长期从事下去的工作，它值得你持续投入，并可以为你带来安全感。但是，如果你只坚持 A 计划，可能在未来某天，该岗位会被其他人或者机器所替代。

B（副业计划）是除去 A 计划，你给自己的一些培训或发展兴趣爱好的机会，是你愿意长期投入精力的一项属于自己的"小事业"。未来某天，也许你能把 B 变为 A。

Z（投资计划）是你的安全牌，是你一定金额的储蓄存款。假设有一天，你的 A 计划、B 计划全部落空失败，你的 Z 计划，也可以继续帮你维持安稳现状。

此刻，面向未来，你不妨想一想，什么是你的"ABZ 计划"？

2. 成为自己的领导者

一个人想要取得成就，最重要的就是先成为自己的领导者，自己造就自己。在个人知识管理的路上，想要成为自己的领导者，有 3 大步骤。

步骤一：不断刷新自我设定的目标

每个人都有自己的认知边界，意识到自己的无知是进步的开始。只有敢于自我革命，才有机会超越自我。

据民间传说，凤凰在生命临近大限之时，便会集于梧桐树上浴火燃烧。在肉体经受巨大痛苦后，它们将以更好的躯体重生，这就是"凤凰涅槃，浴火重生"。"烧不死的鸟是凤凰"，人若不断刷新自我设定的目标，也会像凤凰一样多次涅槃，浴火重生。

步骤二：养成在实践中学习的习惯

知识是一个动词，不是名词。一个人只有在实践中不断学习和提升，才能不断精进。这一过程没有止境，生命不息，精进不止。

行是知之始，知是行之成。

步骤三：要有强大的学习能力

在数字化发展迅速的今天，不确定性已成为常态，知识的更新迭代速度非常快。一个人唯有不断学习、终身学习，才能跟上时代的步伐，拥有更好的适应能力。

不管你是企业的中高管，还是公司的普通员工，或者是在家带娃的全职妈妈，都需要成为自己的领导者，把个人知识管理当作一个项目去运营。也许你会选择提升业务能力，进修 MBA；也许你选择积极参加行业活动，结交新朋友。不管你设定了怎样的目标，只有成为自己的领导者，在顺境、逆境中坚持学习，才能造就自己。

3. 培养立足当下的能力

我曾经于偶然间听到了这样一个真实的故事，感到非常震撼。

在一百多年前，人类一直想踏上南极点。有两个团队动身前往，一个是挪威的团队，另一个是英国的团队。他们在同一个时间出发，挪威的团队完成得非常顺利，于两个月后到达了目的地，他们插上挪威的旗帜，然后安全返回基地，没有任何一个人受伤。

但是英国的团队因为路上不顺利，迟了一个月才到达。令人惋惜的是，因为迟了一个月，返程的天气非常恶劣，最终无人生还。

同样的两支队伍，为什么产生了不一样的结果？原来，挪威的团队在往返途中，不管天气好坏，每天坚持走30公里。在一个极限环境里，想达成目标，你要做到最好，但更重要的是：在每一个当下，你都要做到最好。

这就是立足当下的能力。成功的道路上并不拥挤，因为坚持下来的人不多，**想成为知识管理的超级个体，你需要把握每一个当下，每日精进，日拱一卒，做好当下即是未来。**

做好当下，也许体现在你为 ABZ 计划的努力之中，也许体现在你不断精进的实践中，也许体现在你每天的学习中。日拱一卒无有尽，功不唐捐终入海。相信你把握的每一个当下，都将通向一个更加笃定的未来。

此刻，我面对的当下，就是用心写好这本书。回想这本书的诞生，竟颇有些传奇色彩。2022 年 2 月，我的《榨书》刚刚上市3 个月，好友劝我不要懈怠，赶紧再写一本新书，但那时我脑中并没有太多的想法。虽然迟迟未动笔，但我的大脑好像立起一根无形的天线，一直在接收关于新书的信号。于是，4 月的某个晚上，我灵感涌现，一口气写出了新书大纲。

新书合同签订之后，我从 7 月 18 日开始闭关写书，用 18 天写出了书稿初稿，对于这样的速度，朋友们都觉得惊讶不已。我知道，这一切都源于我平时所做的个人知识管理工作。那些我读过的书、看过的文章、听过的音频、记过的笔记、参加过的活动和课程、见过的牛人、写过的书评、录过的视频、做过的直播、进行过的线下分享、亲自为学员点评过的作业、为学员做的一对一辅导等大量素材，都成了宝贵的资源。一时间，我仿佛来到个人知识管理的大花园，这里姹紫嫣红、百花争艳。

能有幸出版人生的第二本书，我想要感谢的人太多。感谢好友"鼹鼠的土豆"对我的督促，感谢好友释若对我的启发，感谢格格读书营运营天团 9 大助教艾米（Amy）、托比（Tobey）、栗子、七崽、张荣霞、王晓睿、九斤、郑丽、于金萍的不离不弃、保驾护航。其中七崽和栗子都是非常优秀的插画师，他们还承担了为本书画插图的重任。感谢格格读书会的志愿者蒋芳杰、关洪刚、李杰、王小鑫、张媛慧一直以来对我的无私支持，感谢格格读书营、短视频讲书营学员和格格读书会书友们对我的信任，感谢编辑刘艳静老师对这本书的倾心付出。

未来路远，我愿在个人知识管理的道路上继续坚定前行。希望我分享的与个人知识管理闭环有关的知识可以为你的成长助力，让你的学习更有效，愿有一天，我们能在人生的更高处相逢！

参考书目

[1] 宋家博. 如何爱上阅读 [M]. 北京：机械工业出版社，2020.

[2] 张展晖. 跑步治愈 [M]. 北京：东方出版社，2020.

[3] 村上春树. 当我谈跑步时，我谈些什么 [M]. 施小炜，译. 海口：南海出版公司，2015.

[4] 张展晖. 掌控：开启不疲惫、不焦虑的人生 [M]. 北京：北京联合出版公司，2020.

[5] 安吉拉·阿霍拉. 心理动机：激发行动力的底层逻辑 [M]. 邝慧玲，译. 北京：人民邮电出版社，2021.

[6] 周岭. 认知觉醒：开启自我改变的原动力 [M]. 北京：人民邮电出版社，2020.

[7] 秋叶. 高效学习7堂课 [M]. 北京：人民邮电出版社，2019.

[8] 梅俊. 刻意训练：如何成为知识管理高手 [M]. 北京：中国法制出版社，2020.

[9] 成甲. 好好学习：个人知识管理精进指南 [M]. 北京：中信出版集团，2017.

［10］李笑来．财富自由之路［M］．北京：电子工业出版社，
　　　2017．

［11］邓斌．华为学习之法：赋能华为的 8 个关键思维［M］．
　　　北京：人民邮电出版社，2021．

［12］申克·阿伦斯．卡片笔记写作法：如何实现从阅读到写
　　　作［M］．陈琳，译．北京：人民邮电出版社，2021．

［13］何伊凡．知行力：重新定义成事逻辑［M］．北京：人民
　　　邮电出版社，2022．

［14］成甲．好好思考：如何练就高超学习力［M］．北京：北
　　　京联合出版公司，2019．

［15］水晶．受用一生的高效笔记术［M］．北京：机械工业出
　　　版社，2021．

［16］洞见君．洞见不一样的自己：让你少走弯路的 60 个智慧
　　　锦囊［M］．北京：人民邮电出版社，2022．

［17］秋叶．个人品牌技能指南：9 种技能打造个人影响力
　　　［M］．北京：人民邮电出版社，2021．

［18］周岭．认知驱动：做成一件对他人很有用的事［M］．北
　　　京：人民邮电出版社，2021．

［19］陶峻，五顿．演讲的逻辑：关键时刻真实、清晰、高效
　　　表达［M］．北京：人民邮电出版社，2022．

［20］萧秋水，陈永隆，唐兆希．百问知识管理［M］．沈阳：
　　　辽宁科学技术出版社，2012．

［21］吉塔·雅各布．0 次与 10000 次：如何创造全新的人生脚
　　　本［M］．蔡清雨，译．北京：人民邮电出版社，2021．

［22］稻盛和夫．斗魂：稻盛和夫的成功热情［M］．曹岫云，

译.北京：人民邮电出版社，2021.

［23］高太爷.意志力红利：让你说到做到的底层逻辑［M］.
北京：人民邮电出版社，2021.

［24］吉姆·奎克.无限可能：快速唤醒你的学习脑［M］.王
小皓，译.北京：人民邮电出版社，2020.

［25］艾伦·范恩，丽贝卡·梅里尔.潜力量：GROW 教练模
型帮你激发潜能［M］.北京：机械工业出版社，2020.

［26］李善友.第二曲线创新［M］.北京：人民邮电出版社，
2021.

［27］陈春花.价值共生：数字化时代的组织管理［M］.北京：
人民邮电出版社，2021.

［28］万维钢.学习究竟是什么［M］.北京：新星出版社，
2020.

［29］迈克尔·波兰尼.个人知识［M］.上海：上海人民出版
社，2017.

［30］弗朗斯·约翰松.美第奇效应：创新灵感与交叉思维
［M］.刘尔铎，杨小庄，译.北京：商务印书馆，2006.

［31］凯文·克鲁斯.高效 15 法则：谷歌、苹果都在用的深度
工作法［M］.高欣，译.北京：中国友谊出版社公司，
2017.

［32］水晶.受用一生的高效笔记术［M］.北京：机械工业出
版社，2021.